교육급수
필수교재

한자능력
검정시험

기출·예상문제집
한국어문회가 직접 발간한 문제집

5급

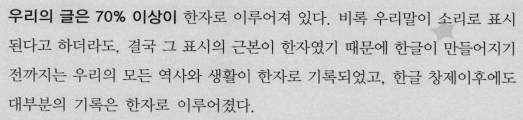

머리말

우리의 글은 70% 이상이 한자로 이루어져 있다. 비록 우리말이 소리로 표시되다고 하더라도, 결국 그 표시의 근본이 한자였기 때문에 한글이 만들어지기 전까지는 우리의 모든 역사와 생활이 한자로 기록되었고, 한글 창제이후에도 대부분의 기록은 한자로 이루어졌다.

따라서 우리의 학문, 역사, 민속 등 모든 문화유산은 한자를 모르고는 정확히 이해할 수 없으며, 무엇보다 지금 당장의 생활과 공부를 위해서도 한자가 필요한 것이다.

그 동안 어문교육에 대한 이견으로 한자 교육의 방향성이 중심을 잡지 못하고 표류하였으나 아무리 한글전용이 기본이고 어려운 한자어를 우리말로 바꾸는 작업을 꾸준히 한다 하더라도 눈앞에 문장을 이해하지 못하고 어쩔 수 없이 사교육의 영역에서 한자를 공부하는 현실을 부인할 수 없는 것이다. 공교육의 영역에서 충실한 한자교육이 이루어지지 못하는 지금의 상황에서는 한자학습의 주요한 동기부여수단의 하나인 동시에 학습결과도 확인해볼 수 있는 한자능력검정시험의 역할이 더욱 중요하기 때문에, 우선적으로 시험을 위한 문제집으로서 이 책을 출간하게 되었다. 한자공부가 어렵게만 느껴지는 분들에게 이 책이 충분히 도움이 될 것으로 믿으며, 한자학습을 지도하는 부모님들이나 선생님들의 부담도 덜어줄 것이라고 감히 추천하는 바이다.

이 책의 구성

- **출제유형 및 합격기준**
- **출제유형분석** – 학습이나 지도의 가이드라인을 제시
- **배정한자 및 사자성어 수록**
- **반대자, 반대어**
- **유의자, 유의어**
- **약자**
- **예상문제** – 기출문제분석에 의한 배정한자의 문제화
- **실제시험답안지** – 회별로 구성
- **최근 기출문제 8회분 수록**

이 책이 여러분들의 한자실력향상에 도움이 되기를 바란다.

편저자 씀

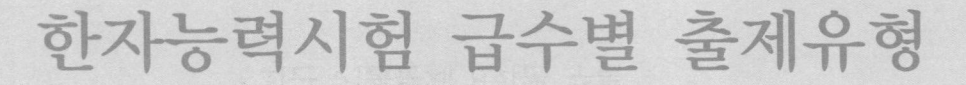

한자능력시험 급수별 출제유형

구 분	특급	특급II	1급	2급	3급	3급II	4급	4급II	5급	5급II	6급	6급II	7급	7급II	8급
읽기 배정 한자	5,978	4,918	3,500	2,355	1,817	1,500	1,000	750	500	400	300	225	150	100	50
쓰기 배정 한자	3,500	2,355	2,005	1,817	1,000	750	500	400	300	225	150	50	0	0	0
독 음	45	45	50	45	45	45	32	35	35	35	33	32	32	22	24
한자 쓰기	40	40	40	30	30	30	20	20	20	20	20	10	0	0	0
훈 음	27	27	32	27	27	27	22	22	23	23	22	29	30	30	24
완성형[성어]	10	10	15	10	10	10	5	5	4	4	3	2	2	2	0
반의어	10	10	10	10	10	10	3	3	3	3	3	2	2	2	0
뜻풀이	5	5	10	5	5	5	3	3	3	3	2	2	2	2	0
동음이의어	10	10	10	5	5	5	3	3	3	3	2	0	0	0	0
부 수	10	10	10	5	5	5	3	3	0	0	0	0	0	0	0
동의어	10	10	10	5	5	5	3	3	3	3	2	0	0	0	0
장단음	10	10	10	5	5	5	3	0	0	0	0	0	0	0	0
약 자	3	3	3	3	3	3	3	3	3	3	0	0	0	0	0
필 순	0	0	0	0	0	0	0	0	3	3	3	3	2	2	2
한 문	20	20	0	0	0	0	0	0	0	0	0	0	0	0	0

▶ 상위급수 한자는 모두 하위급수 한자를 포함하고 있습니다.
▶ 쓰기 배정 한자는 한두 급수 아래의 읽기 배정한자이거나 그 범위 내에 있습니다.
▶ 출제유형표는 기본지침자료로서, 출제자의 의도에 따라 차이가 있을 수 있습니다.
▶ 공인급수는 교육과학기술부로부터 국가공인자격 승인을 받은 특급·특급II·1급·2급·3급·3급II이며, 교육 급수는 한국한자능력검정회에서 시행하는 민간자격인 4급·4급II·5급·5급II·6급·6급II·7급·7급II·8급 입니다.
▶ 5급II·7급II는 신설 급수로 2010년 11월 13일 시험부터 적용됩니다.
▶ 6급II 읽기 배정한자는 2010년 11월 13일 시험부터 300자에서 225자로 조정됩니다.

한자능력검정시험 합격기준

구 분	특급	특급II	1급	2급	3급	3급II	4급	4급II	5급	5급II	6급	6급II	7급	7급II	8급
출제문항수	200	200	200	150	150	150	100	100	100	100	90	80	70	60	50
합격문항수	160	160	160	105	105	105	70	70	70	70	63	56	49	42	35
시험시간	100분	100분	90분	60분	60분	60분	50분	50분	50분	50분	50분	50분	50분	50분	50분

▶ 특급, 특급II, 1급은 출제 문항수의 80% 이상, 2급 ~ 8급은 70% 이상 득점하면 합격입니다.

차 례

5급 예상문제

5급 기출문제

유형분석(類型分析)

→ 기출문제의 유형들을 분석하여 실제문제에 완벽히 대비할 수 있도록 하였습니다.

5級에서는 6級과 달리 한자어의 讀音, 한자의 訓音, 筆順, 한자어 등의 빈칸을 메워 완성하는 문제, 反對語[相對語] 문제, 同意語[類義의語] 문제, 한자어의 뜻풀이 문제, 한자나 한자어를 직접 쓰는 문제, 同音異義의語 문제 외에 略字(약자 : 획수를 줄인 漢字)도 나온다. 총 100문제가 출제된다.

우선 정해진 배정한자 500자 낱글자의 훈음과 쓰는 순서를 모두 익힌 뒤에 그 글자들이 어울려 만들어내는 한자어의 독음과 뜻을 학습하여야 한다. 그리고 反對語[相對語], 同意語[類義의語], 同音異義의語[소리는 같고 뜻은 다른 한자어]의 개념도 학습하여야 한다. 또 해당 범위 내의 略字(약자 : 획수를 줄인 漢字)도 익혀 두어야 한다. 한자 쓰기는 6급에서 익혔던 300자 범위 내의 한자어 중 많이 쓰이는 중요한 것은 모두 읽고 쓸 줄 알아야 한다.

시험에서 중요한 사항은 우선 출제자가 요구하는 답이 무엇인지 질문을 통해 확인하여야 한다. 기출문제를 풀어 보면 알 수 있지만 대개 질문은 회차에 무관하게 각 급수별로 일정한 유형으로 정해져 있다. 따라서 기출문제를 통하여 질문에 익숙해져야 한다.

1 한자어의 讀音 문제는 대개 지문과 함께 한자어가 제시된다.

> ### 다음 밑줄 친 漢字語의 讀音을 쓰세요. (1~5)
>
> **1** 글을 쓰는 데에도 <u>要領</u>이 있다.
> **2** 그는 타자기를 <u>考案</u>하였다.
> **3** 달리던 차가 <u>停止</u>하였다.
> **4** 원고 이곳저곳에 <u>加筆</u>을 하였다.
> **5** 그는 학습에 컴퓨터를 잘 <u>利用</u>한다.

유형해설

기본적으로 한자 낱글자의 소리를 알고 있으면 답할 수 있다. 다만 두음법칙, 속음 등에 주의하면 된다. 위의 문장의 '利用'의 경우 답안지에는 '이용'으로 적어야 한다. '리용'으로 적으면 틀린 답이 된다. '利'는 본래 소리가 '리'이지만 국어에는 두음법칙이 있어 첫소리에 'ㄹ'이 오는 것을 꺼리므로 '이'로 하여야 한다. 물론 한자어가 '有利'로 '利'가 뒤에 온다면 '유리'로 정상적으로 '리'로 답하면 된다.

또 '初八日'의 경우 답안지에는 '초파일'로 적어야 하며, '초팔일'로 적으면 틀린 답이 된다. 속음이라 하여 국어에는 한국인이 소리내기 쉽게 한자음이 바뀌는 경우 등이 발생하며 이런 때는 바뀐 한자 소리를 우선하여야 한다. 이런 한자어들은 사례가 많지 않으므로 기본 지침서를 활용하여 익혀두면 된다.

2 한자의 訓音 문제는 대개 다음과 같다.

> ### 다음 漢字의 訓과 音을 쓰세요. (36~40)
>
> | 例 | 字 → 글자 자 |
> |---|---|
>
> **36** 責   **37** 感
> **38** 調   **39** 席
> **40** 操

유형해설

위의 訓과 音 문제는 한자 낱글자의 뜻과 소리를 알고 있으면 풀 수 있는 문제들이다.

③ 筆順 문제는 8급·7급·6급Ⅱ·6급과 마찬가지로 한자 낱글자의 쓰는 순서를 알고 있으면 풀 수 있다.

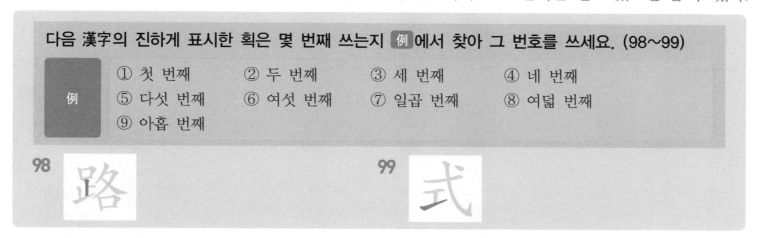

다음 漢字의 진하게 표시한 획은 몇 번째 쓰는지 例에서 찾아 그 번호를 쓰세요. (98~99)

例	① 첫 번째	② 두 번째	③ 세 번째	④ 네 번째
	⑤ 다섯 번째	⑥ 여섯 번째	⑦ 일곱 번째	⑧ 여덟 번째
	⑨ 아홉 번째			

98 路　　　　　**99** 式

유형해설

위의 문제처럼 대개 특정 획을 지정하여 몇 번째 쓰는 획인지를 물어보므로 한자 낱글자의 쓰는 순서를 평소에 익혀둔 다면 무리 없이 답할 수 있다. 참고로 획수와 번호는 서로 일치되게 하였으므로 번호를 고를 때는 해당 획수와 일치하는 번호를 고르면 된다. 예로 다섯 번째 획이면 ⑤번을 고르면 된다.

④ 한자어의 뜻풀이 문제는 대개 다음과 같다.

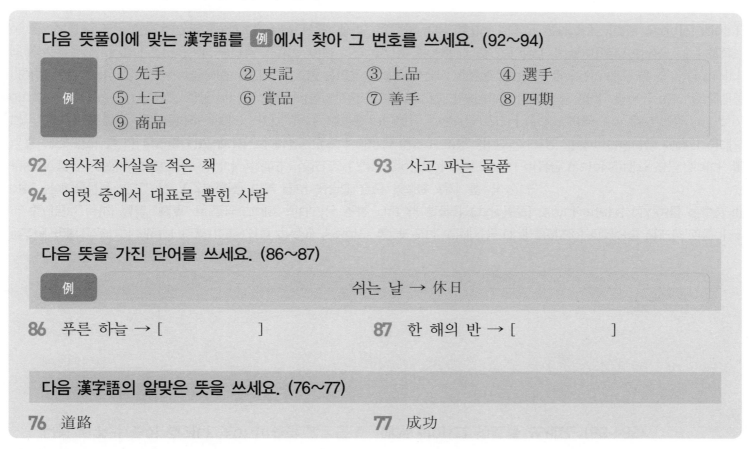

다음 뜻풀이에 맞는 漢字語를 例에서 찾아 그 번호를 쓰세요. (92~94)

例	① 先手	② 史記	③ 上品	④ 選手
	⑤ 士己	⑥ 賞品	⑦ 善手	⑧ 四期
	⑨ 商品			

92 역사적 사실을 적은 책　　　　　**93** 사고 파는 물품

94 여럿 중에서 대표로 뽑힌 사람

다음 뜻을 가진 단어를 쓰세요. (86~87)

例	쉬는 날 → 休日

86 푸른 하늘 → [　　　　　]　　　　　**87** 한 해의 반 → [　　　　　]

다음 漢字語의 알맞은 뜻을 쓰세요. (76~77)

76 道路　　　　　**77** 成功

유형해설

뜻풀이 문제는 배정한자 범위 내에 있는 자주 쓰이는 한자어들을 익혀 두어야 한다. 한자의 訓音으로 한자어의 뜻을 짐작하는 훈련을 하고, 뜻을 가지고 해당 한자어를 찾아내거나 쓸 수 있도록 연습하여야 한다.

그리고 한자어는 순우리말과 풀이 순서가 다를 수 있으므로 한자어의 구조에 대하여도 기본적인 것은 학습하여 두어야 한다. 예로 植木은 보통 '심을 식, 나무 목'으로 익혀 植木을 '심은 나무' 등으로 풀이하기 쉬운데, 뜻이 달라지거나 말이 통하지 않으므로 뒤부터 풀이하여 '나무를 심음'이라는 뜻이 드러나도록 표현하여야 한다. 또 대표 훈음만으로는 이해되지 않는 자주 쓰이는 한자어도 출제되므로 한자어가 잘 이해가 안 될 때는 자전 등을 참고하여 다른 중요한 뜻도 공부하여 두어야 한다. 위의 選手의 경우 '가릴 선, 손 수'가 대표훈음이지만 이를 토대로 '가린 손'이라 해 보아야 뜻이 통하지 않는 것이다. 이런 경우의 '手'는 '사람'의 뜻이라는 것도 알아 두어야 '(여럿 중에서)가려 뽑은 사람'이라는 뜻을 이해하고 설명할 수 있는 것이다.

5 相對語[反對語], 同義의語[類義의語] 문제는 대개 相對[反對] 또는 같거나 비슷한 뜻을 지닌 한자를 찾아내는 형태이다.

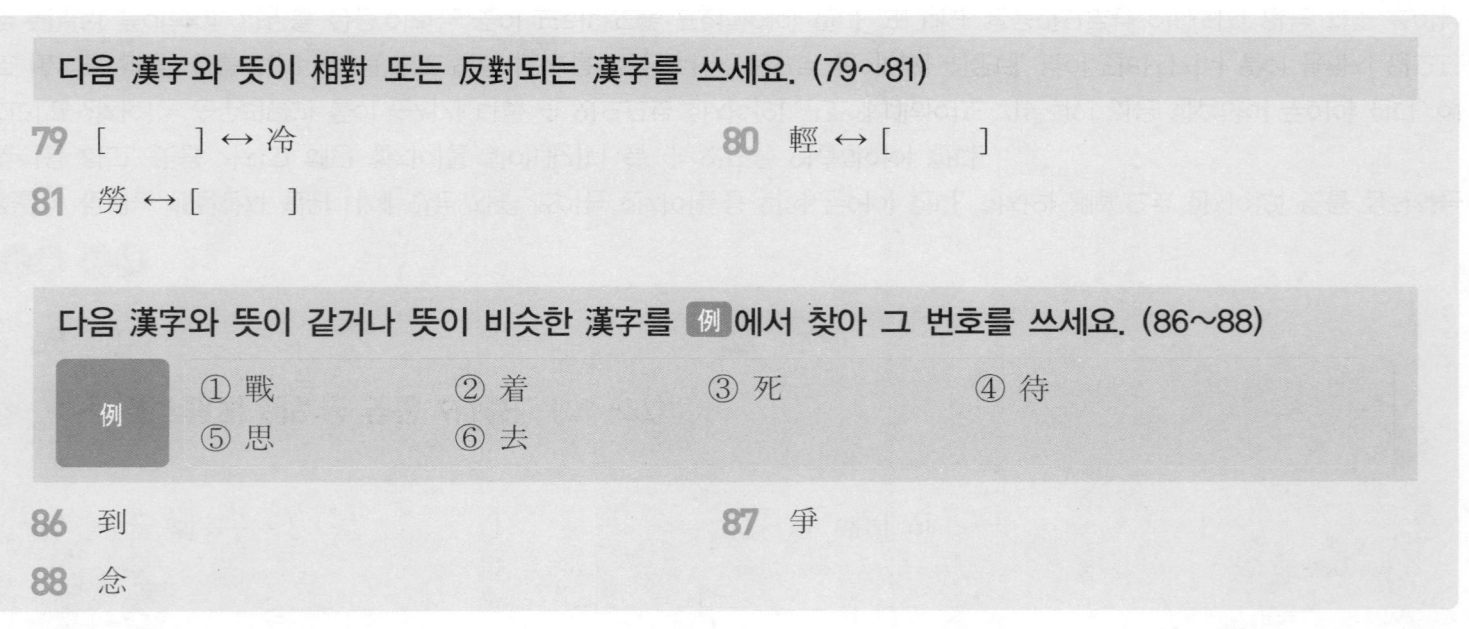

다음 漢字와 뜻이 相對 또는 反對되는 漢字를 쓰세요. (79~81)

79 [　　] ↔ 冷　　　　　　80 輕 ↔ [　　]

81 勞 ↔ [　　]

다음 漢字와 뜻이 같거나 뜻이 비슷한 漢字를 例에서 찾아 그 번호를 쓰세요. (86~88)

例
① 戰　　② 着　　③ 死　　④ 待
⑤ 思　　⑥ 去

86 到　　　　　　　　　87 爭

88 念

유형해설

평소에 相對(反對)의 개념과 相對(反對)자를 학습해 두어야만 풀 수 있다. 반대자는 대개 결합되어 한자어를 만드는 것들이 주로 출제된다. 위의 溫冷, 輕重, 勞使는 그대로 반대되는 뜻을 지닌 채 결합한 한자어들인 것이다. 따라서 한자어를 학습할 때 이런 점에 관심을 두고 이런 한자어들을 따로 추려 공부해 두면 문제를 쉽게 풀 수 있다.

相對(反對)는 완전히 다른 것은 아니다. 비교의 기준으로서 같은 점이 있어야 하고 하나 이상은 달라야 반대가 되는 것이다. 溫冷를 예로 들면 둘 다 온도를 나타낸다는 점에서는 같으나 하나는 따뜻한 것을 하나는 차가운 것을 나타낸다는 점에서 반대가 되는 것이다. 春夏를 예로 든다면 반대가 되지 않는다. 계절을 나타내는 점에서는 같으나 반대가 되는 것이 없기 때문이다. 봄이 아니라고 하여 반드시 여름인 것은 아니고 가을, 겨울도 있으므로 여름만이 봄의 반대가 될 수는 없다. 春秋는 다르다. 계절을 나타내는 점에서는 같으나 하나는 씨를 뿌리는 계절을 하나는 열매를 거두는 계절이 대비되는 점에서 반대가 될 수 있는 것이다. 同義의[類義의]란 뜻이 같거나 비슷하다는 뜻이다. 이와 같은 한자를 찾아낼 수 있으면 된다. 同義의[類義의]자는 대개 결합되어 한자어를 만드는 것들이 주로 출제된다. 위의 到着, 戰爭, 思念은 뜻이 같거나 비슷한 글자끼리 결합된 한자어인 것이다.

6 5급의 同音異義의語 문제는 6급과 마찬가지로 대개 同音異義의字[소리는 같고 뜻은 다른 글자]를 묻는 문제가 출제되며 한자어는 거의 출제되지 않는 경향이다.

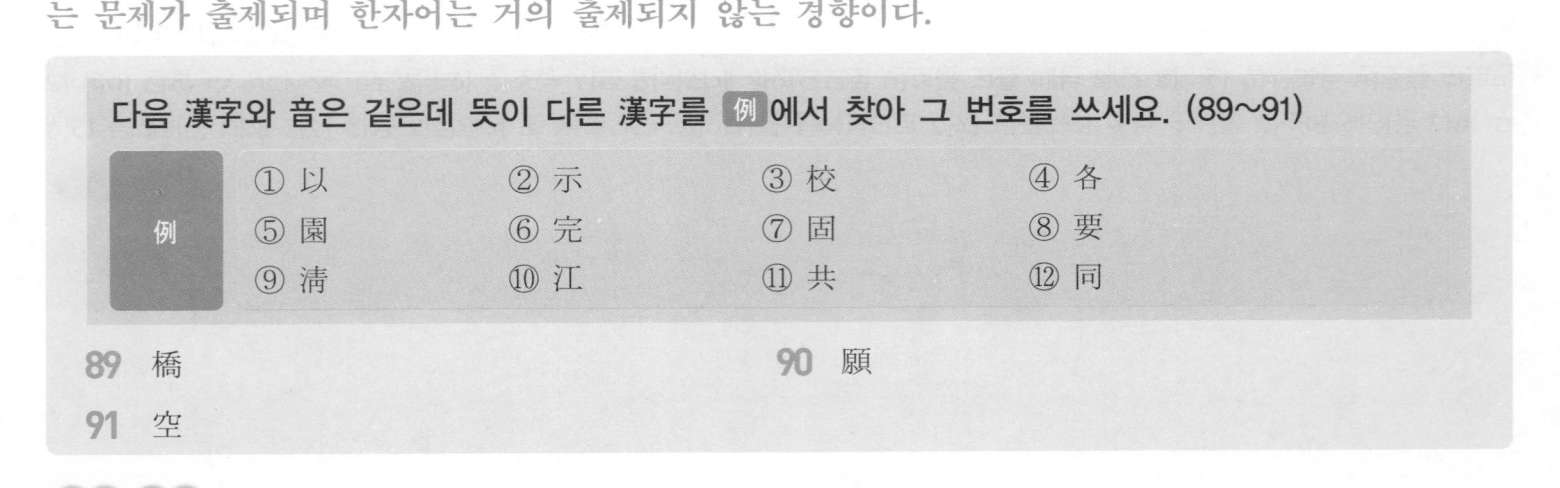

다음 漢字와 음은 같은데 뜻이 다른 漢字를 例에서 찾아 그 번호를 쓰세요. (89~91)

例
① 以　　② 示　　③ 校　　④ 各
⑤ 園　　⑥ 完　　⑦ 固　　⑧ 要
⑨ 淸　　⑩ 江　　⑪ 共　　⑫ 同

89 橋　　　　　　　　　90 願

91 空

유형해설

이런 문제는 한자의 소리를 묻는 문제로도 볼 수 있는 것으로 기본적으로 한자의 訓音만 알고 있으면 쉽게 풀 수 있는 문제이다.

7 완성형 문제는 대개 사자성어 등의 한 글자 정도를 비워 놓고 채워 넣을 수 있는 지를 검정하는 문제가 출제된다.

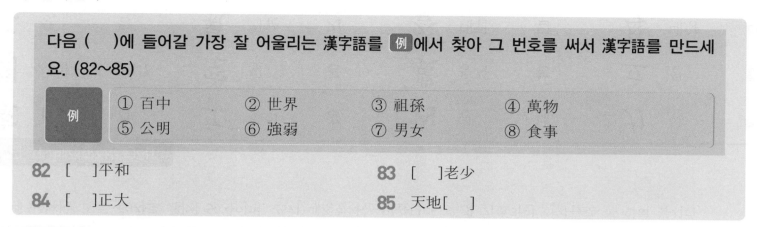

다음 ( )에 들어갈 가장 잘 어울리는 漢字語를 例에서 찾아 그 번호를 써서 漢字語를 만드세요. (82~85)

例	① 百中	② 世界	③ 祖孫	④ 萬物
	⑤ 公明	⑥ 強弱	⑦ 男女	⑧ 食事

82 [　]平和　　　　　　　83 [　]老少

84 [　]正大　　　　　　　85 天地[　]

유형해설

배정한자 범위내의 자주 쓰이는 사자성어 등은 별도로 익혀두는 것이 좋다. '세계평화, 공명정대' 등 소리만이라도 연상할 수 있다면 문제에 쉽게 접근할 수 있을 것이다.

8 한자어를 쓰는 문제는 대개 맞는 한자어를 바로 머리에 떠올릴 수 있도록 지문이 주어진다.

다음 밑줄 친 漢字語를 漢字로 쓰세요. (59~61)

59 우리 강산은 아름답습니다.　　　　60 교통 신호를 지킵시다.

61 심신이 피곤합니다.

유형해설

한자어를 쓰는 문제는 한자 능력을 종합적으로 검정하는 문제라고 할 수 있다. 평소에 익힌 한자와 한자어를 여러 번 써 보고 뜻을 익히는 일을 게을리 하지 말아야 한다. 또 문장 속에서 익힌 한자어를 활용하는 습관을 들여야 한다.

9 略字(약자 : 획수를 줄인 漢字) 문제는 대개 정자를 제시하고 해당 약자를 쓰라는 형태로 출제되지만, 간혹 약자를 제시하고 정자로 바꾸어 쓰라는 문제도 출제되므로 범위 내의 정자와 약자를 다 익혀 두어야 한다.

다음 漢字의 略字(약자 : 획수를 줄인 漢字)를 쓰세요. (95~97)

例	醫 → 医

95 學　　　　　　　　　　96 圖

97 發

배정한자(配定漢字)

8급~5급(500자)

한자음 뒤에 나오는 ":"는 장음 표시입니다. "(:)"는 장단음 모두 사용되는 한자이며, ":"나 "(:)"이 없는 한자는 단음으로만 쓰입니다.

8급 배정한자(50자)

한자	훈	음	한자	훈	음	한자	훈	음	한자	훈	음
教	가르칠	교:	母	어미	모:	小	작을	소:	中	가운데	중
校	학교	교:	木	나무	목	水	물	수	青	푸를	청
九	아홉	구	門	문	문	室	집	실	寸	마디	촌:
國	나라	국	民	백성	민	十	열	십	七	일곱	칠
軍	군사	군	白	흰	백	五	다섯	오:	土	흙	토
金	쇠	금	父	아비	부	王	임금	왕	八	여덟	팔
	성(姓)	김	北	북녘	북	外	바깥	외:	學	배울	학
南	남녘	남		달아날	배:	月	달	월	韓	한국	한(:)
女	계집	녀	四	넉	사:	二	두	이:		나라	한(:)
年	해	년	山	메	산	人	사람	인	兄	형	형
大	큰	대(:)	三	석	삼	一	한	일	火	불	화(:)
東	동녘	동	生	날	생	日	날	일			
六	여섯	륙	西	서녘	서	長	긴	장(:)			
萬	일만	만:	先	먼저	선	弟	아우	제:			

☑ 8급 배정한자는 모두 50자로, 읽기 50자이며, 쓰기 배정한자는 없습니다. 가장 기초적인 한자들로 꼭 익혀 둡시다.

7급 II 배정한자(50자)

한자	훈	음	한자	훈	음	한자	훈	음	한자	훈	음
家	집	가	工	장인	공	內	안	내:	力	힘	력
間	사이	간(:)	空	빌	공	農	농사	농	立	설	립
江	강	강	氣	기운	기	答	대답	답	每	매양	매(:)
車	수레	거	記	기록할	기	道	길	도:	名	이름	명
	수레	차	男	사내	남	動	움직일	동:	物	물건	물

方	모(稜)	방	食	밥	식	全	온전	전	漢	한수	한:
不	아닐	불		먹을	식	前	앞	전		한나라	한:
事	일	사:	安	편안	안	電	번개	전:	海	바다	해:
上	윗	상:	午	낮	오:	正	바를	정(:)	話	말씀	화
姓	성	성:	右	오를	우:	足	발	족	活	살	활
世	인간	세:		오른(쪽)	우:	左	왼	좌:	孝	효도	효:
手	손	수(:)	子	아들	자	直	곧을	직	後	뒤	후:
市	저자	시:	自	스스로	자	平	평평할	평			
時	때	시	場	마당	장	下	아래	하:			

☑ 7급Ⅱ 배정한자는 모두 100자로, 8급 배정한자(50자)를 제외한 50자만을 담았습니다. 8급과 마찬가지로 쓰기 배정한자는 없습니다.

7급 배정한자(50자)

歌	노래	가	面	낯	면:	植	심을	식	住	살	주:
口	입	구(:)	命	목숨	명:	心	마음	심	重	무거울	중:
旗	기	기	問	물을	문:	語	말씀	어:	地	따	지
冬	겨울	동(:)	文	글월	문	然	그럴	연	紙	종이	지
同	한가지	동	百	일백	백	有	있을	유:	千	일천	천
洞	골	동:	夫	지아비	부	育	기를	육	天	하늘	천
	밝을	통:	算	셈	산:	邑	고을	읍	川	내	천
登	오를	등	色	빛	색	入	들	입	草	풀	초
來	올	래(:)	夕	저녁	석	字	글자	자	村	마을	촌:
老	늙을	로:	少	적을	소:	祖	할아비	조	秋	가을	추
里	마을	리:	所	바	소:	主	임금	주	春	봄	춘
林	수풀	림	數	셈	수:		주인	주	出	날(生)	출

| 便 | 편할
똥오줌 | 편(:)
변 | 夏
花 | 여름
꽃 | 하:
화 | 休 | 쉴 | 휴 |

☑ 7급 배정한자는 모두 150자로, 7급Ⅱ 배정한자(100자)를 제외한 50자만을 담았습니다. 8급, 7급Ⅱ와 마찬가지로 쓰기 배정한자는 없습니다.

6급Ⅱ 배정한자(75자)

各	각각	각		구절	두	線	줄	선	意	뜻	의:
角	뿔	각	童	아이	동(:)	雪	눈	설	作	지을	작
界	지경	계:	等	무리	등:	成	이룰	성	昨	어제	작
計	셀	계:	樂	즐길	락	省	살필	성	才	재주	재
高	높을	고		노래	악		덜	생	戰	싸움	전:
公	공평할	공		좋아할	요	消	사라질	소	庭	뜰	정
共	한가지	공:	利	이할	리:	術	재주	술	第	차례	제:
功	공(勳)	공	理	다스릴	리:	始	비로소	시:	題	제목	제
果	실과	과:	明	밝을	명	信	믿을	신:	注	부을	주:
科	과목	과	聞	들을	문(:)	新	새	신	集	모을	집
光	빛	광	半	반(半)	반:	神	귀신	신	窓	창	창
球	공	구	反	돌이킬	반:	身	몸	신	淸	맑을	청
今	이제	금		돌아올	반:	弱	약할	약	體	몸	체
急	급할	급	班	나눌	반	藥	약	약	表	겉	표
短	짧을	단(:)	發	필	발	業	업	업	風	바람	풍
堂	집	당	放	놓을	방(:)	勇	날랠	용:	幸	다행	행:
代	대신할	대:	部	떼	부	用	쓸	용:	現	나타날	현:
對	대할	대:	分	나눌	분(:)	運	옮길	운:	形	모양	형
圖	그림	도	社	모일	사	音	소리	음	和	화할	화
讀	읽을	독	書	글	서	飮	마실	음(:)	會	모일	회:

☑ 6급Ⅱ 배정한자는 모두 225자로, 7급 배정한자(150자)를 제외한 75자만을 담았습니다. 쓰기 배정한자 8급 50자입니다.

6급 배정한자(75자)

한자	훈	음
感	느낄	감:
強	강할	강(:)
開	열	개
京	서울	경
古	예	고:
苦	쓸[味覺]	고
交	사귈	교
區	구분할	구
	지경	구
郡	고을	군:
根	뿌리	근
近	가까울	근:
級	등급	급
多	많을	다
待	기다릴	대:
度	법도	도(:)
	헤아릴	탁
頭	머리	두
例	법식	례:
禮	예도	례:
路	길	로:

한자	훈	음
綠	푸를	록
李	오얏	리:
	성(姓)	리:
目	눈	목
米	쌀	미
美	아름다울	미(:)
朴	성(姓)	박
番	차례	번
別	다를	별
	나눌	별
病	병	병:
服	옷	복
本	근본	본
使	하여금	사:
	부릴	사:
死	죽을	사:
席	자리	석
石	돌	석
速	빠를	속
孫	손자	손(:)
樹	나무	수

한자	훈	음
習	익힐	습
勝	이길	승
式	법	식
失	잃을	실
愛	사랑	애(:)
夜	밤	야:
野	들(坪)	야:
洋	큰바다	양
陽	볕	양
言	말씀	언
永	길	영:
英	꽃부리	영
溫	따뜻할	온
園	동산	원
遠	멀	원:
油	기름	유
由	말미암을	유
銀	은	은
衣	옷	의
醫	의원	의
者	놈	자

한자	훈	음
章	글	장
在	있을	재:
定	정할	정:
朝	아침	조
族	겨레	족
晝	낮	주
親	친할	친
太	클	태
通	통할	통
特	특별할	특
合	합할	합
行	다닐	행(:)
	항렬	항
向	향할	향:
號	이름	호(:)
畫	그림	화:
	그을	획(劃)
黃	누를	황
訓	가르칠	훈:

☑ 6급 배정한자는 모두 300자로, 6급Ⅱ 배정한자(225자)를 제외한 75자만을 담았습니다. 쓰기 배정한자 7급 150자입니다.

5급 Ⅱ 배정한자(100자)

한자	훈	음	한자	훈	음	한자	훈	음	한자	훈	음
價	값	가	德	큰	덕	仙	신선	선	元	으뜸	원
客	손	객	到	이를	도:	鮮	고울	선	偉	클	위
格	격식	격	獨	홀로	독	說	말씀	설	以	써	이:
見	볼	견:	朗	밝을	랑:		달랠	세:	任	맡길	임(:)
	뵈올	현:	良	어질	량	性	성품	성:	材	재목	재
決	결단할	결	旅	나그네	려	歲	해	세:	財	재물	재
結	맺을	결	歷	지날	력	洗	씻을	세:	的	과녁	적
敬	공경	경:	練	익힐	련:	束	묶을	속	傳	전할	전
告	고할	고:	勞	일할	로	首	머리	수	典	법	전:
課	공부할	과(:)	流	흐를	류	宿	잘	숙	展	펼	전:
	과정	과(:)	類	무리	류(:)		별자리	수:	切	끊을	절
過	지날	과:	陸	뭍	륙	順	순할	순:		온통	체
觀	볼	관	望	바랄	망:	識	알	식	節	마디	절
關	관계할	관	法	법	법	臣	신하	신	店	가게	점:
廣	넓을	광:	變	변할	변:	實	열매	실	情	뜻	정
具	갖출	구(:)	兵	병사	병	兒	아이	아	調	고를	조
舊	예	구:	福	복	복	惡	악할	악	卒	마칠	졸
局	판[形局]	국:	奉	받들	봉:		미워할	오	種	씨	종(:)
基	터	기	仕	섬길	사:	約	맺을	약	州	고을	주
己	몸	기	史	사기(史記)	사:	養	기를	양:	週	주일	주
念	생각	념:	士	선비	사:	要	요긴할	요(:)	知	알	지
能	능할	능	産	낳을	산:	友	벗	우:	質	바탕	질
團	둥글	단	商	장사	상	雨	비	우:	着	붙을	착
當	마땅	당	相	서로	상	雲	구름	운	參	참여할	참

責	꾸짖을	책	品	물건	품:	害	해할	해:	凶	흉할	흉
充	채울	충	必	반드시	필	化	될	화(:)			
宅	집	택	筆	붓	필	效	본받을	효:			

☑ 5급Ⅱ 배정한자는 모두 400자로, 6급 배정한자(300자)를 제외한 100자만 담았습니다. 쓰기 배정한자는 6급Ⅱ 225자입니다.

5급 배정한자(100자)

加	더할	가	技	재주	기	無	없을	무	億	억[數字]	억
可	옳을	가:	期	기약할	기	倍	곱	배(:)	熱	더울	열
改	고칠	개(:)	汽	물끓는김	기	比	견줄	비:	葉	잎	엽
去	갈	거:	吉	길할	길	費	쓸	비:	屋	집	옥
擧	들	거:	壇	단	단	鼻	코	비:	完	완전할	완
件	물건	건	談	말씀	담	氷	얼음	빙	曜	빛날	요:
健	굳셀	건:	島	섬	도	寫	베낄	사	浴	목욕할	욕
建	세울	건:	都	도읍	도	思	생각	사(:)	牛	소	우
景	볕	경(:)	落	떨어질	락	査	조사할	사	雄	수컷	웅
競	다툴	경:	冷	찰	랭:	賞	상줄	상	原	언덕	원
輕	가벼울	경	量	헤아릴	량	序	차례	서:	院	집	원
固	굳을	고(:)	令	하여금	령(:)	善	착할	선:	願	원할	원:
考	생각할	고(:)	領	거느릴	령	船	배	선	位	자리	위
曲	굽을	곡	料	헤아릴	료(:)	選	가릴	선:	耳	귀	이:
橋	다리	교	馬	말	마:	示	보일	시:	因	인할	인
救	구원할	구:	末	끝	말	案	책상	안:	再	두	재:
貴	귀할	귀:	亡	망할	망	漁	고기잡을	어	災	재앙	재
規	법	규	買	살	매:	魚	고기	어	爭	다툴	쟁
給	줄	급	賣	팔	매(:)		물고기	어	貯	쌓을	저:

赤	붉을	적	鐵	쇠	철	打	칠	타:	許	허락할	허
停	머무를	정	初	처음	초	卓	높을	탁	湖	호수	호
操	잡을	조(:)	最	가장	최:	炭	숯	탄:	患	근심	환:
終	마칠	종	祝	빌	축	板	널	판	黑	검을	흑
罪	허물	죄:	致	이를	치:	敗	패할	패:			
止	그칠	지	則	법칙	칙	河	물	하			
唱	부를	창:	他	다를	타	寒	찰	한			

☑ 5급 배정한자는 모두 500자로, 5급Ⅱ 배정한자(400자)를 제외한 100자만 담았습니다. 쓰기 배정한자는 6급 300자입니다.

사자성어(四字成語)

8급 사자성어

國民年金 — 일정 기간 또는 죽을 때까지 해마다 지급되는 일정액의 돈 (국민연금)
나라 국 백성 민 해 년 쇠 금

父母兄弟 — 아버지·어머니·형·아우라는 뜻으로, 가족을 이르는 말
아비 부 어미 모 형 형 아우 제

生年月日 — 태어난 해와 달과 날
날 생 해 년 달 월 날 일

大韓民國 — 우리나라의 국호(나라이름)
큰 대 나라 한 백성 민 나라 국

三三五五 — 서너 사람 또는 대여섯 사람이 떼를 지어 다니거나 무슨 일을 함
석 삼 석 삼 다섯 오 다섯 오

十中八九 — 열 가운데 여덟이나 아홉 정도로 거의 대부분이거나 거의 틀림 없음
열 십 가운데 중 여덟 팔 아홉 구

東西南北 — 동쪽·서쪽·남쪽·북쪽이라는 뜻으로, 모든 방향을 이르는 말
동녘 동 서녘 서 남녘 남 북녘 북

7급 II 사자성어

南男北女 — 우리나라에서, 남자는 남쪽지방 사람이 잘나고 여자는 북쪽 지방 사람이 고움을 이르는 말
남녘 남 사내 남 북녘 북 계집 녀

上下左右 — 위·아래·왼쪽·오른쪽을 이르는 말로, 모든 방향을 이름
윗 상 아래 하 왼 좌 오른 우

土木工事 — 땅과 하천 따위를 고쳐 만드는 공사
흙 토 나무 목 장인 공 일 사

四方八方 — 여기저기 모든 방향이나 방면
넉 사 모 방 여덟 팔 모 방

世上萬事 — 세상에서 일어나는 온갖 일
인간 세 윗 상 일만 만 일 사

八道江山 — 팔도의 강산이라는 뜻으로, 우리나라 전체의 강산을 이르는 말
여덟 팔 길 도 강 강 메 산

四海兄弟 — 온 세상 사람이 모두 형제와 같다는 뜻으로, 친밀함을 이르는 말
넉 사 바다 해 형 형 아우 제

人山人海 — 사람이 수없이 많이 모인 상태를 이르는 말
사람 인 메 산 사람 인 바다 해

7급 사자성어

男女老少 — 남자와 여자, 나이 든 사람과 젊은 사람이란 뜻으로 모든 사람을 이르는 말 (남녀노소)
사내 남 계집 녀 늙을 로 적을 소

百萬大軍 — 아주 많은 병사로 조직된 군대를 이르는 말
일백 백 일만 만 큰 대 군사 군

月下老人 — 부부의 인연을 맺어 준다는 전설상의 노인 (월하노인)
달 월 아래 하 늙을 로 사람 인

男中一色 — 남자의 얼굴이 썩 뛰어나게 잘 생김
사내 남 가운데 중 한 일 빛 색

不老長生 — 늙지 아니하고 오래 삶
아닐 불 늙을 로 긴 장 날 생

二八青春 — 16세 무렵의 꽃다운 청춘
두 이 여덟 팔 푸를 청 봄 춘

東問西答 — 물음과는 전혀 상관없는 엉뚱한 대답
동녘 동 물을 문 서녘 서 대답 답

不立文字 — 불도의 깨달음은 마음에서 마음으로 전하는 것이므로 말이나 글에 의지하지 않는다는 말
아닐 불 설 립 글월 문 글자 자

一問一答 — 한 번 물음에 한 번 대답함
한 일 물을 문 한 일 대답 답

萬里長天 — 아득히 높고 먼 하늘
일만 만 마을 리 긴 장 하늘 천

山川草木 — 산과 내와 풀과 나무, 곧 자연을 이르는 말
메 산 내 천 풀 초 나무 목

一日三秋 — 하루가 삼 년 같다는 뜻으로, 몹시 애태우며 기다림을 이르는 말
한 일 날 일 석 삼 가을 추

名山大川 — 이름난 산과 큰 내
이름 명 메 산 큰 대 내 천

安心立命 — 하찮은 일에 흔들리지 않는 경지 (안심입명)
편안 안 마음 심 설 립 목숨 명

自問自答 — 스스로 묻고 스스로 대답함
스스로 자 물을 문 스스로 자 대답 답

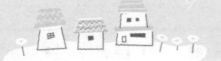

| 自 生 植 物 | 산이나 들, 강이나 바다에서 저절로 나는 식물 |
| 스스로 자 날 생 심을 식 물건 물 | |

| 地 上 天 國 | 이 세상에서 이룩되는 다시 없이 자유롭고 풍족하며 행복한 사회 |
| 따 지 윗 상 하늘 천 나라 국 | |

| 草 食 動 物 | 풀을 주로 먹고 사는 동물 |
| 풀 초 먹을 식 움직일 동 물건 물 | |

| 全 心 全 力 | 온 마음과 온 힘 |
| 온전 전 마음 심 온전 전 힘 력 | |

| 青 天 白 日 | 하늘이 맑게 갠 대낮 |
| 푸를 청 하늘 천 흰 백 날 일 | |

| 春 夏 秋 冬 | 봄·여름·가을·겨울의 사계절 |
| 봄 춘 여름 하 가을 추 겨울 동 | |

6급 II 사자성어

| 家 內 工 業 | 집안에서 단순한 기술과 도구로써 작은 규모로 생산하는 수공업 |
| 집 가 안 내 장인 공 업 업 | |

| 百 發 百 中 | 백 번 쏘아 백 번 맞힌다는 뜻으로, 총이나 활 따위를 쏠 때마다 겨눈 곳에 다 맞음을 이르는 말 |
| 일백 백 필 발 일백 백 가운데 중 | |

| 一 心 同 體 | 한마음 한 몸이라는 뜻으로, 서로 굳게 결합함을 이르는 말 |
| 한 일 마음 심 한가지 동 몸 체 | |

| 家 庭 敎 育 | 가정의 일상생활 가운데 집안 어른들이 자녀들에게 주는 영향이나 가르침 |
| 집 가 뜰 정 가르칠 교 기를 육 | |

| 四 面 春 風 | 누구에게나 좋게 대하는 일 |
| 넉 사 낯 면 봄 춘 바람 풍 | |

| 一 日 三 省 | 하루에 세 가지 일로 자신을 되돌아보고 살핌 |
| 한 일 날 일 석 삼 살필 성 | |

| 各 人 各 色 | 사람마다 각기 다름 |
| 각각 각 사람 인 각각 각 빛 색 | |

| 山 戰 水 戰 | 세상의 온갖 고생과 어려움을 다 겪었음을 이르는 말 |
| 메 산 싸움 전 물 수 싸움 전 | |

| 一 長 一 短 | 일면의 장점과 다른 일면의 단점을 통틀어 이르는 말 |
| 한 일 긴 장 한 일 짧을 단 | |

| 各 自 圖 生 | 제각기 살아 나갈 방법을 꾀함 |
| 각각 각 스스로 자 그림 도 날 생 | |

| 三 十 六 計 | 서른여섯 가지의 꾀. 많은 모계(謀計)의 이름 (삼십육계) |
| 석 삼 열 십 여섯 륙 셀 계 | |

| 自 手 成 家 | 물려받은 재산이 없이 자기 혼자의 힘으로 집안을 일으키고 재산을 모음 |
| 스스로 자 손 수 이룰 성 집 가 | |

| 高 等 動 物 | 복잡한 체제를 갖춘 동물 |
| 높을 고 무리 등 움직일 동 물건 물 | |

| 世 界 平 和 | 전 세계가 평온하고 화목함 |
| 인간 세 지경 계 평평할 평 화할 화 | |

| 天 下 第 一 | 세상에 견줄 만한 것이 없이 최고임 |
| 하늘 천 아래 하 차례 제 한 일 | |

| 公 明 正 大 | 하는 일이나 행동이 사사로움이 없이 떳떳하고 바름 |
| 공평할 공 밝을 명 바를 정 큰 대 | |

| 時 間 問 題 | 이미 결과가 뻔하여 조만간 저절로 해결될 문제 |
| 때 시 사이 간 물을 문 제목 제 | |

| 清 風 明 月 | 맑은 바람과 밝은 달 |
| 맑을 청 바람 풍 밝을 명 달 월 | |

| 大 明 天 地 | 아주 환하게 밝은 세상 |
| 큰 대 밝을 명 하늘 천 따 지 | |

| 市 民 社 會 | 신분적 구속에 지배되지 않으며, 자유롭고 평등한 개인의 이성적 결합으로 이루어진 사회 |
| 저자 시 백성 민 모일 사 모일 회 | |

| 下 等 動 物 | 진화 정도가 낮아 몸의 구조가 단순한 원시적인 동물 |
| 아래 하 무리 등 움직일 동 물건 물 | |

| 門 前 成 市 | 찾아오는 사람이 많아 집 문 앞이 시장을 이루다시피 함을 이르는 말 |
| 문 문 앞 전 이룰 성 저자 시 | |

| 樂 山 樂 水 | 산과 물을 좋아한다는 것으로 즉 자연을 좋아함 |
| 좋아할 요 메 산 좋아할 요 물 수 | |

| 形 形 色 色 | 상과 빛깔 따위가 서로 다른 여러 가지 |
| 모양 형 모양 형 빛 색 빛 색 | |

| 百 年 大 計 | 먼 앞날까지 미리 내다보고 세우는 크고 중요한 계획 |
| 일백 백 해 년 큰 대 셀 계 | |

| 人 事 不 省 | 제 몸에 벌어지는 일을 모를 만큼 정신을 잃은 상태 |
| 사람 인 일 사 아닐 불 살필 성 | |

| 白 面 書 生 | 한갓 글만 읽고 세상일에는 전혀 경험이 없는 사람 |
| 흰 백 낯 면 글 서 날 생 | |

| 人 海 戰 術 | 우수한 화기보다 다수의 병력을 투입하여 적을 압도하는 전술 |
| 사람 인 바다 해 싸움 전 재주 술 | |

6급 사자성어

高速道路 높을 고 빠를 속 길 도 길 로	차의 빠른 통행을 위하여 만든 차전용의 도로	百戰百勝 일백 백 싸움 전 일백 백 이길 승	싸울 때마다 다 이김	一朝一夕 한 일 아침 조 한 일 저녁 석	하루 아침과 하루 저녁이라는 뜻으로, 짧은 시일을 이르는 말
交通信號 사귈 교 통할 통 믿을 신 이름 호	교차로나 횡단보도, 건널목 따위에서 사람이나 차량이 질 서 있게 길을 가도록 하는 기 호나 등화(燈火)	別有天地 다를 별 있을 유 하늘 천 따 지	별세계, 딴 세상	子孫萬代 아들 자 손자 손 일만 만 대신 대	오래도록 내려오는 여러 대
九死一生 아홉 구 죽을 사 한 일 날 생	아홉 번 죽을 뻔하다 한 번 살 아난다는 뜻으로, 죽을 고비를 여러 차례 넘기고 겨우 살아남 을 이르는 말	不遠千里 아닐 불 멀 원 일천 천 마을 리	천리를 멀다 여기지 아니함	自由自在 스스로 자 말미암을 유 스스로 자 있을 재	거침없이 자기 마음대로 할 수 있음
男女有別 사내 남 계집 녀 있을 유 다를 별	남자와 여자 사이에 분별이 있어야 함을 이르는 말	父子有親 아비 부 아들 자 있을 유 친할 친	아버지와 아들 사이의 도리는 친애에 있음을 이름	作心三日 지을 작 마음 심 석 삼 날 일	단단히 먹은 마음이 사흘이 가 지 못한다는 뜻으로, 결심이 굳 지 못함을 이르는 말
代代孫孫 대신 대 대신 대 손자 손 손자 손	오래도록 내려오는 여러 대	生老病死 날 생 늙을 로 병 병 죽을 사	사람이 나고 늙고 병들고 죽는 네 가지 고통	電光石火 번개 전 빛 광 돌 석 불 화	번갯불이나 부싯돌의 불이 번쩍 거리는 것과 같이 매우 짧은 시간 이나 매우 재빠른 움직임 따위를 비유적으로 이르는 말
同苦同樂 한가지 동 쓸 고 한가지 동 즐거울 락	괴로움과 즐거움을 함께 함	生死苦樂 날 생 죽을 사 쓸 고 즐거울 락	삶과 죽음, 괴로움과 즐거움을 통틀어 이르는 말	晝夜長川 낮 주 밤 야 긴 장 내 천	밤낮으로 쉬지 아니하고 연 달아
同生共死 한가지 동 날 생 한가지 공 죽을 사	서로 같이 살고 같이 죽음	新聞記者 새 신 들을 문 기록할 기 놈 자	신문에 실을 자료를 수집, 취 재, 집필, 편집하는 사람	千萬多幸 일천 천 일만 만 많을 다 다행 행	아주 다행함
東西古今 동녘 동 서녘 서 예 고 이제 금	동양과 서양, 옛날과 지금을 통틀어 이르는 말	愛國愛族 사랑 애 나라 국 사랑 애 겨레 족	나라와 민족을 아낌	草綠同色 풀 초 푸를 록 한가지 동 빛 색	이름이 다르나 따지고 보면 한 가지 것이라는 말
同姓同本 한가지 동 성 성 한가지 동 근본 본	성(姓)과 본관이 모두 같음	野生動物 들 야 날 생 움직일 동 물건 물	산이나 들에서 저절로 나서 자라는 동물	特別活動 특별할 특 다를 별 살 활 움직일 동	학교 교육 과정에서 교과 학습 이외의 교육활동
同時多發 한가지 동 때 시 많을 다 필 발	연이어 일이 발생함	年中行事 해 년 가운데 중 다닐 행 일 사	해마다 일정한 시기를 정하여 놓고 하는 행사 (연중행사)	八方美人 여덟 팔 모 방 아름다울 미 사람 인	어느 모로 보나 아름다운 사람 이라는 뜻으로, 여러 방면에 능통한 사람
萬國信號 일만 만 나라 국 믿을 신 이름 호	배와 배 사이 또는 배와 육지 사이의 연락을 위하여 국제적 으로 쓰는 신호	英才敎育 꽃부리 영 재주 재 가르칠 교 기를 육	천재아의 재능을 훌륭하게 발 전시키기 위한 특수교육	行方不明 다닐 행 모 방 아닐 불 밝을 명	간 곳이나 방향을 모름
百萬長者 일백 백 일만 만 긴 장 놈 자	재산이 매우 많은 사람 또는 아주 큰 부자	人命在天 사람 인 목숨 명 있을 재 하늘 천	사람의 목숨은 하늘에 달려 있 다는 말	花朝月夕 꽃 화 아침 조 달 월 저녁 석	꽃 피는 아침과 달 밝은 밤이라 는 뜻으로, 경치가 좋은 시절을 이르는 말
白衣民族 흰 백 옷 의 백성 민 겨레 족	흰옷을 입은 민족이라는 뜻으 로, '한민족'을 이르는 말	一口二言 한 일 입 구 두 이 말씀 언	한 입으로 두 말을 한다는 뜻으 로, 한 가지 일에 대하여 말을 이랬다 저랬다 함을 이르는 말	訓民正音 가르칠 훈 백성 민 바를 정 소리 음	백성을 가르치는 바른 소리라 는 뜻으로, 1443년에 세종대왕 이 창제한 우리나라 글자를 이 르는 말

5급 Ⅱ 사자성어

見 物 生 心	물건을 보면 그 물건을 가지고 싶은 생각이 듦
볼 견 물건 물 날 생 마음 심	

聞 一 知 十	하나를 들으면 열을 앎
들을 문 한 일 알 지 열 십	

雨 順 風 調	비가 오고 바람이 부는 것이 때와 분량이 알맞음
비 우 순할 순 바람 풍 고를 조	

決 死 反 對	죽기를 각오하고 있는 힘을 다하여 반대함
결단할 결 죽을 사 돌이킬 반 대할 대	

奉 仕 活 動	국가나 사회 또는 남을 위하여 자신을 돌보지 아니하고 힘을 바쳐 애씀
받들 봉 벼슬할 사 살 활 움직일 동	

以 實 直 告	사실 그대로 고함
써 이 열매 실 곧을 직 알릴 고	

敬 老 孝 親	어른을 공경하고 부모에게 효도함
공경 경 늙을 로 효도 효 친할 친	

父 傳 子 傳	아버지가 아들에게 대대로 전함
아비 부 전할 전 아들 자 전할 전	

以 心 傳 心	마음에서 마음으로 뜻을 전함
써 이 마음 심 전할 전 마음 심	

敬 天 愛 人	하늘을 공경하고 사람을 사랑함
공경 경 하늘 천 사랑 애 사람 인	

北 窓 三 友	거문고, 술, 시를 아울러 이르는 말
북녘 북 창 창 석 삼 벗 우	

人 相 着 衣	사람의 생김새와 옷차림
사람 인 서로 상 붙을 착 옷 의	

敎 學 相 長	남을 가르치는 일과 스승에게서 배우는 일이 서로 도와서 자기의 학문을 길러 줌
가르칠 교 배울 학 서로 상 긴 장	

士 農 工 商	예전에 백성을 나누던 네 가지 계급. 선비, 농부, 공장(工匠), 상인을 이르던 말
선비 사 농사 농 장인 공 헤아릴 상	

自 古 以 來	예로부터 지금까지의 과정
스스로 자 옛 고 써 이 올 래	

能 小 能 大	작은 일에도 능하고 큰 일에도 능하다는 데서 모든 일에 두루 능함을 이르는 말
능할 능 작을 소 능할 능 큰 대	

事 親 以 孝	어버이를 섬기기를 효도로써 함을 이름
일 사 친할 친 써 이 효도 효	

全 知 全 能	어떠한 사물이라도 잘 알고, 모든 일을 다 수행할 수 있는 신불(神佛)의 능력
온전 전 알 지 온전 전 능할 능	

多 才 多 能	재능이 많다는 말
많을 다 재주 재 많을 다 능할 능	

生 面 不 知	서로 한 번도 만난 적이 없어서 전혀 알지 못하는 사람
날 생 낯 면 아닐 부 알 지	

主 客 一 體	주인과 손이 한 몸이라는 데서, 나와 나 밖의 대상이 하나가 됨을 말함
주인 주 손 객 한 일 몸 체	

多 情 多 感	감수성이 예민하고 느끼는 바가 많음
많을 다 뜻 정 많을 다 느낄 감	

速 戰 速 決	싸움을 오래 끌지 아니하고 빨리 몰아쳐 이기고 짐을 결정함
빠를 속 싸울 전 빠를 속 터질 결	

知 行 合 一	지식과 행동이 서로 맞음
알 지 ·다닐 행 합할 합 한 일	

大 同 團 結	여러 집단이나 사람이 어떤 목적을 이루려고 크게 한 덩어리로 뭉침
큰 대 한가지 동 둥글 단 맺을 결	

十 年 知 己	오래전부터 친히 사귀어 잘 아는 사람
열 십 해 년 알 지 자기 기	

靑 山 流 水	푸른 산에 맑은 물이라는 뜻으로, 막힘없이 썩 잘하는 말을 비유적으로 이르는 말 (청산유수)
푸를 청 메 산 흐를 류 물 수	

大 書 特 筆	신문 따위의 출판물에서 어떤 기사에 큰 비중을 두어 다룸을 이르는 말
큰 대 글 서 특별할 특 붓 필	

安 分 知 足	제 분수를 지키고 만족할 줄을 앎
편안할 안 나눌 분 알 지 발 족	

風 待 歲 月	아무리 바라고 기다려도 실현될 가능성이 없는
바람 풍 기다릴 대 해 세 달 월	

同 化 作 用	외부에서 섭취한 에너지원을 자체의 고유한 성분으로 변화시키는 일
한가지 동 될 화 지을 작 쓸 용	

良 藥 苦 口	좋은 약은 입에 쓰나 병에 이롭다는 뜻으로 충언(忠言)은 귀에 거슬리나 자신에게 이로움을 이르는 말 (양약고구)
좋을 량 약 약 쓸 고 입 구	

萬 古 不 變	오랜 세월을 두고 변하지 않음
일만 만 예 고 아닐 불 변할 변	

語 不 成 說	말이 조금도 이치에 맞지 않음을 말함
말씀 어 아닐 불 이룰 성 말씀 설	

5급 사자성어

去者必反 갈 거 놈 자 반드시 필 돌이킬 반	떠난 자는 반드시 돌아옴
格物致知 격식 격 물건 물 이를 치 알 지	사물의 이치를 연구하여 자기의 지식을 확고하게 함
過失相規 지날 과 잃을 실 서로 상 법 규	나쁜 행실을 하지 못하도록 서로 규제함
今始初聞 이제 금 때 시 처음 초 들을 문	이제야 비로소 처음으로 들음
落木寒天 떨어질 락 나무 목 찰 한 하늘 천	낙엽 진 나무와 차가운 하늘, 곧 추운 겨울철 (낙목한천)
落花流水 떨어질 락 꽃 화 흐를 류 물 수	꽃과 흐르는 물, 가는 봄의 경치, 남녀 사이에 서로 그리는 정이 있다는 비유로도 쓰임 (낙화유수)
馬耳東風 말 마 귀 이 동녘 동 바람 풍	남의 말을 귀담아 듣지 않고 흘려 버림
無男獨女 없을 무 사내 남 홀로 독 계집 녀	아들이 없는 집안의 외동딸
無不通知 없을 무 아닐 불 통할 통 알 지	무엇이든지 환히 통하여 모르는 것이 없음
百年河淸 일백 백 해 년 강이름 하 맑을 청	아무리 오래 기다려도 어떤 일이 이루어지기 어려움을 이름
不問可知 아닐 불 물을 문 옳을 가 알 지	묻지 않아도 알 수 있음
不問曲直 아닐 불 물을 문 굽을 곡 곧을 직	옳고 그른 것을 묻지 않고 다짜고짜로
氷山一角 얼음 빙 뫼 산 한 일 뿔 각	아주 많은 것 중에 조그마한 부분

思考方式 생각할 사 상고할 고 모 방 법 식	어떤 문제에 대해 생각하고 궁리하는 방법이나 태도
事事件件 일 사 일 사 사건 건 사건 건	해당되는 모든 일 또는 온갖 사건
事實無根 일 사 열매 실 없을 무 뿌리 근	근거가 없음 또는 터무니 없음
三寒四溫 석 삼 찰 한 넉 사 따뜻할 온	7일을 주기로 사흘 동안 춥고 나흘 동안 따뜻함
善男善女 착할 선 사내 남 착할 선 계집 녀	성품이 착한 남자와 여자란 뜻으로, 착하고 어진 사람들을 이르는 말
善人善果 착할 선 사람 인 착할 선 실과 과	선업을 쌓으면 반드시 좋은 과보가 따름
言文一致 말씀 언 글월 문 한 일 이를 치	실제로 쓰는 말과 그 말을 적은 글이 일치함
言行一致 말씀 언 다닐 행 한 일 이를 치	말과 행동이 서로 같음
勇氣百倍 날랠 용 기운 기 일백 백 곱 배	격려나 응원 따위에 자극을 받아 힘이나 용기를 더 냄
有口無言 있을 유 입 구 없을 무 말씀 언	입은 있으나 말이 없다는 뜻으로, 변명할 말이 없거나 변명을 하지 못함을 이름
有名無實 있을 유 이름 명 없을 무 열매 실	명목만 있고 실상은 없음
耳目口鼻 귀 이 눈 목 입 구 코 비	귀·눈·입·코를 아울러 이르는 말
一字無識 한 일 글자 자 없을 무 알 식	글자를 한 자도 모를 정도로 무식함

自給自足 스스로 자 줄 급 스스로 자 발 족	필요한 물자를 스스로 생산하여 충당함
前無後無 앞 전 없을 무 뒤 후 없을 무	전에도 없었고 후에도 없음
戰爭英雄 싸움 전 다툴 쟁 꽃부리 영 수컷 웅	전쟁에 뛰어나고 용맹하여 보통 사람이 하기 어려운 일을 해내는 사람
朝變夕改 아침 조 변할 변 저녁 석 고칠 개	아침저녁으로 뜯어 고침, 곧 일을 자주 뜯어고침
知過必改 알 지 지날 과 반드시 필 고칠 개	자신이 한 일의 잘못을 알면 반드시 고쳐야 함
天災地變 하늘 천 재앙 재 따 지 변할 변	지진, 홍수, 태풍 따위의 자연 현상으로 인한 재앙
秋風落葉 가을 추 바람 풍 떨어질 락 잎 엽	가을바람에 흩어져 떨어지는 낙엽, 세력 같은 것이 일순간에 실추됨을 비유함 (추풍낙엽)
敗家亡身 패할 패 집 가 망할 망 몸 신	집안의 재산을 다 써 없애고 몸을 망침
海水浴場 바다 해 물 수 목욕할 욕 마당 장	해수욕을 할 수 있는 환경과 시설이 갖추어진 바닷가
行動擧止 갈 행 움직일 동 들 거 그칠 지	몸을 움직여 하는 모든 짓
凶惡無道 흉할 흉 악할 악 없을 무 길 도	성질이 거칠고 사나우며 도의심이 없음

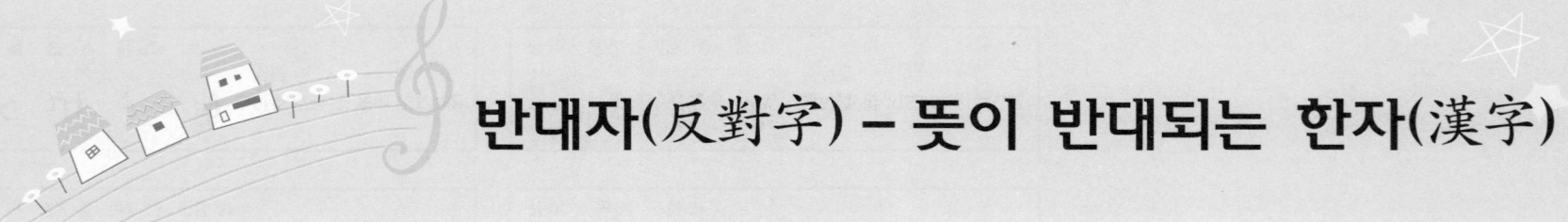
江(강) 7급II	↔	山(산) 8급	來(내) 7급	↔	去(거) 5급	物(물) 7급II	↔	心(심) 7급
強(강) 6급	↔	弱(약) 6급II	內(내) 7급II	↔	外(외) 8급	美(미) 6급	↔	惡(악) 5급II
去(거) 5급	↔	來(래) 7급	冷(냉) 5급	↔	熱(열) 5급	發(발) 6급II	↔	着(착) 5급II
輕(경) 5급	↔	重(중) 7급	冷(냉) 5급	↔	溫(온) 6급	白(백) 8급	↔	黑(흑) 5급
古(고) 6급	↔	今(금) 6급II	勞(노) 5급II	↔	使(사) 6급	本(본) 6급	↔	末(말) 5급
苦(고) 6급	↔	樂(락) 6급II	老(노) 7급	↔	少(소) 7급	父(부) 8급	↔	母(모) 8급
高(고) 6급II	↔	落(락) 5급	多(다) 6급	↔	少(소) 7급	父(부) 8급	↔	子(자) 7급II
高(고) 6급II	↔	下(하) 7급II	短(단) 6급II	↔	長(장) 8급	北(북) 8급	↔	南(남) 8급
曲(곡) 5급	↔	直(직) 7급II	當(당) 5급II	↔	落(락) 5급	分(분) 6급II	↔	合(합) 6급
功(공) 6급II	↔	過(과) 5급II	大(대) 8급	↔	小(소) 8급	氷(빙) 5급	↔	炭(탄) 5급
空(공) 7급II	↔	陸(륙) 5급II	都(도) 5급	↔	農(농) 7급II	士(사) 5급II	↔	民(민) 8급
功(공) 6급II	↔	罪(죄) 5급	東(동) 8급	↔	西(서) 8급	死(사) 6급	↔	生(생) 8급
敎(교) 8급	↔	習(습) 6급	動(동) 7급II	↔	止(지) 5급	死(사) 6급	↔	活(활) 7급II
敎(교) 8급	↔	學(학) 8급	冬(동) 7급	↔	夏(하) 7급	山(산) 8급	↔	海(해) 7급II
今(금) 6급II	↔	古(고) 6급	登(등) 7급	↔	落(락) 5급	上(상) 7급II	↔	下(하) 7급II
吉(길) 5급	↔	凶(흉) 5급II	賣(매) 5급	↔	買(매) 5급	生(생) 8급	↔	死(사) 6급
男(남) 7급II	↔	女(녀) 8급	母(모) 8급	↔	子(자) 7급II	善(선) 5급	↔	惡(악) 5급II
南(남) 8급	↔	北(북) 8급	問(문) 7급	↔	答(답) 7급II	先(선) 8급	↔	後(후) 7급II

成(성) 6급II	↔	敗(패) 5급	有(유) 7급	↔	無(무) 5급	主(주) 7급	↔	客(객) 5급II
水(수) 8급	↔	陸(륙) 5급II	陸(육) 5급II	↔	海(해) 7급II	畫(주) 6급	↔	夜(야) 6급
手(수) 7급II	↔	足(족) 7급II	利(이) 6급II	↔	害(해) 5급II	重(중) 7급	↔	輕(경) 5급
水(수) 8급	↔	火(화) 8급	因(인) 5급	↔	果(과) 6급II	中(중) 8급	↔	外(외) 8급
勝(승) 6급	↔	敗(패) 5급	日(일) 8급	↔	月(월) 8급	知(지) 5급II	↔	行(행) 6급
始(시) 6급II	↔	末(말) 5급	入(입) 7급	↔	落(락) 5급	着(착) 5급II	↔	發(발) 6급II
始(시) 6급II	↔	終(종) 5급	入(입) 7급	↔	出(출) 7급	天(천) 7급	↔	地(지) 7급
新(신) 6급II	↔	古(고) 6급	子(자) 7급II	↔	女(녀) 8급	春(춘) 7급	↔	秋(추) 7급
新(신) 6급II	↔	舊(구) 5급II	子(자) 7급II	↔	母(모) 8급	出(출) 7급	↔	入(입) 7급
臣(신) 5급II	↔	民(민) 8급	自(자) 7급II	↔	他(타) 5급	炭(탄) 5급	↔	氷(빙) 5급
身(신) 6급II	↔	心(심) 7급	昨(작) 6급II	↔	今(금) 6급II	夏(하) 7급	↔	冬(동) 7급
心(심) 7급	↔	身(신) 6급II	長(장) 8급	↔	短(단) 6급II	寒(한) 5급	↔	熱(열) 5급
心(심) 7급	↔	體(체) 6급II	前(전) 7급II	↔	後(후) 7급II	寒(한) 5급	↔	溫(온) 6급
愛(애) 6급	↔	惡(오) 5급II	正(정) 7급II	↔	反(반) 6급II	海(해) 7급II	↔	空(공) 7급II
言(언) 6급	↔	文(문) 7급	弟(제) 8급	↔	兄(형) 8급	海(해) 7급II	↔	陸(륙) 5급II
言(언) 6급	↔	行(행) 6급	朝(조) 6급	↔	夕(석) 7급	兄(형) 8급	↔	弟(제) 8급
溫(온) 6급	↔	冷(랭) 5급	祖(조) 7급	↔	孫(손) 6급	和(화) 6급II	↔	戰(전) 6급II
右(우) 7급II	↔	左(좌) 7급II	朝(조) 6급	↔	野(야) 6급	後(후) 7급II	↔	先(선) 8급
遠(원) 6급	↔	近(근) 6급	終(종) 5급	↔	始(시) 6급II	凶(흉) 5급II	↔	吉(길) 5급
月(월) 8급	↔	日(일) 8급	左(좌) 7급II	↔	右(우) 7급II	黑(흑) 5급	↔	白(백) 8급

23

感性(감성) 6급 5급II	↔	理性(이성) 6급II 5급II		
結果(결과) 5급II 6급II	↔	原因(원인) 5급 5급		
對話(대화) 6급II 7급II	↔	獨白(독백) 5급II 8급		
遠洋(원양) 6급 6급	↔	近海(근해) 6급 7급II		
情神(정신) 5급II 6급II	↔	物質(물질) 7급II 5급II		
訓讀(훈독) 6급 6급II	↔	音讀(음독) 6급II 6급II		

落選人(낙선인) 5급 5급 8급	↔	當選人(당선인) 5급II 5급 8급
上終價(상종가) 7급II 5급 5급II	↔	下終價(하종가) 7급II 5급 5급II
勝利者(승리자) 6급 6급II 6급	↔	敗北者(패배자) 5급 8급 6급
吉則大凶(길즉대흉) 5급 5급 8급 5급II	↔	凶則大吉(흉즉대길) 5급II 5급 8급 5급
卒年月日(졸년월일) 5급II 8급 8급 8급	↔	生年月日(생년월일) 8급 8급 8급 8급

歌(가) 7급	_	曲(곡) 5급	計(계) 6급Ⅱ	_	數(수) 7급	貴(귀) 5급	_	重(중) 7급

歌(가)7급 _ 曲(곡)5급 計(계)6급Ⅱ _ 數(수)7급 貴(귀)5급 _ 重(중)7급

家(가)7급Ⅱ _ 室(실)8급 告(고)5급Ⅱ _ 白(백)8급 規(규)5급 _ 格(격)5급Ⅱ

歌(가)7급 _ 樂(악)6급Ⅱ 告(고)5급Ⅱ _ 示(시)5급 規(규)5급 _ 例(례)6급

家(가)7급Ⅱ _ 屋(옥)5급 高(고)6급Ⅱ _ 卓(탁)5급 規(규)5급 _ 式(식)6급

歌(가)7급 _ 唱(창)5급 共(공)6급Ⅱ _ 同(동)7급 規(규)5급 _ 則(칙)5급

家(가)7급Ⅱ _ 宅(택)5급Ⅱ 工(공)7급Ⅱ _ 作(작)6급Ⅱ 規(규)5급 _ 度(탁)6급

強(강)6급 _ 健(건)5급 過(과)5급Ⅱ _ 去(거)5급 根(근)6급 _ 本(본)6급

強(강)6급 _ 固(고)5급 科(과)6급Ⅱ _ 目(목)6급 金(금)8급 _ 鐵(철)5급

江(강)7급Ⅱ _ 河(하)5급 果(과)6급Ⅱ _ 實(실)5급Ⅱ 急(급)6급Ⅱ _ 速(속)6급

客(객)5급Ⅱ _ 旅(려)5급Ⅱ 過(과)5급Ⅱ _ 失(실)6급 技(기)5급 _ 術(술)6급Ⅱ

擧(거)5급 _ 動(동)7급Ⅱ 光(광)6급Ⅱ _ 明(명)6급Ⅱ 己(기)5급Ⅱ _ 身(신)6급Ⅱ

建(건)5급 _ 立(립)7급Ⅱ 光(광)6급Ⅱ _ 色(색)7급 記(기)7급Ⅱ _ 識(지)5급Ⅱ

格(격)5급Ⅱ _ 式(식)6급 敎(교)8급 _ 訓(훈)6급 冷(냉)5급 _ 寒(한)5급

結(결)5급Ⅱ _ 束(속)5급Ⅱ 區(구)6급 _ 別(별)6급 綠(녹)6급 _ 靑(청)8급

結(결)5급Ⅱ _ 約(약)5급Ⅱ 區(구)6급 _ 分(분)6급Ⅱ 談(담)5급 _ 說(설)5급Ⅱ

景(경)5급 _ 光(광)6급Ⅱ 軍(군)8급 _ 旅(려)5급Ⅱ 談(담)5급 _ 言(언)6급

京(경)6급 _ 都(도)5급 軍(군)8급 _ 兵(병)5급Ⅱ 談(담)5급 _ 話(화)7급Ⅱ

競(경)5급 _ 爭(쟁)5급 軍(군)8급 _ 士(사)5급Ⅱ 堂(당)6급Ⅱ _ 室(실)8급

計(계)6급Ⅱ _ 算(산)7급 郡(군)6급 _ 邑(읍)7급 道(도)7급Ⅱ _ 路(로)6급

道(도) 7급II	_	理(리) 6급II	朴(박) 6급	_	質(질) 5급II	分(분) 6급II	_	區(구) 6급
都(도) 5급	_	市(시) 7급II	發(발) 6급II	_	展(전) 6급II	分(분) 6급II	_	別(별) 6급
都(도) 5급	_	邑(읍) 7급	方(방) 7급II	_	道(도) 7급II	費(비) 5급	_	用(용) 6급II
到(도) 5급II	_	着(착) 5급II	方(방) 7급II	_	正(정) 7급II	思(사) 5급	_	考(고) 5급
圖(도) 6급II	_	畫(화) 6급	番(번) 6급	_	第(제) 6급II	思(사) 5급	_	念(념) 5급II
同(동) 7급	_	等(등) 6급II	法(법) 5급II	_	規(규) 5급	使(사) 6급	_	令(령) 5급
洞(동) 7급	_	里(리) 7급	法(법) 5급II	_	度(도) 6급	士(사) 5급II	_	兵(병) 5급II
同(동) 7급	_	一(일) 8급	法(법) 5급II	_	例(례) 6급	事(사) 7급II	_	業(업) 6급II
頭(두) 6급	_	首(수) 5급II	法(법) 5급II	_	式(식) 6급	社(사) 6급II	_	會(회) 6급II
等(등) 6급II	_	級(급) 6급	法(법) 5급II	_	典(전) 5급II	産(산) 5급II	_	生(생) 8급
等(등) 6급II	_	類(류) 5급II	法(법) 5급II	_	則(칙) 5급	算(산) 7급	_	數(수) 7급
明(명) 6급II	_	光(광) 6급II	變(변) 5급II	_	改(개) 5급	商(상) 5급II	_	量(량) 5급
明(명) 6급II	_	朗(랑) 5급II	變(변) 5급II	_	化(화) 5급II	生(생) 8급	_	産(산) 5급II
命(명) 7급	_	令(령) 5급	別(별) 6급	_	選(선) 5급	生(생) 8급	_	出(출) 7급
明(명) 6급II	_	白(백) 8급	兵(병) 5급II	_	士(사) 5급II	生(생) 8급	_	活(활) 7급II
名(명) 7급II	_	號(호) 6급	兵(병) 5급II	_	卒(졸) 5급II	善(선) 5급	_	良(량) 5급II
文(문) 7급	_	書(서) 6급II	病(병) 6급	_	患(환) 5급	選(선) 5급	_	別(별) 6급
文(문) 7급	_	章(장) 6급	本(본) 6급	_	根(근) 6급	說(설) 5급II	_	話(화) 7급II
物(물) 7급II	_	件(건) 5급	奉(봉) 5급II	_	仕(사) 5급II	性(성) 5급II	_	心(심) 7급
物(물) 7급II	_	品(품) 5급II	部(부) 6급II	_	類(류) 5급II	世(세) 7급II	_	界(계) 6급II

世(세) 7급II	代(대) 6급II	約(약) 5급II	束(속) 5급II	運(운) 6급II	動(동) 7급II
首(수) 5급II	頭(두) 6급	良(양) 5급II	善(선) 5급	願(원) 5급	望(망) 5급II
樹(수) 6급	林(림) 7급	養(양) 5급II	育(육) 7급	偉(위) 5급II	大(대) 8급
樹(수) 6급	木(목) 8급	言(언) 6급	談(담) 5급	育(육) 7급	養(양) 5급II
習(습) 6급	練(련) 5급II	言(언) 6급	說(설) 5급II	陸(육) 5급II	地(지) 7급
習(습) 6급	學(학) 8급	言(언) 6급	語(어) 7급	衣(의) 6급	服(복) 6급
時(시) 7급II	期(기) 5급	業(업) 6급II	事(사) 7급II	意(의) 6급II	思(사) 5급
始(시) 6급II	初(초) 5급	旅(여) 5급II	客(객) 5급II	一(일) 8급	同(동) 7급
式(식) 6급	例(례) 6급	年(연) 8급	歲(세) 5급II	自(자) 7급II	己(기) 5급II
式(식) 6급	典(전) 5급II	練(연) 5급II	習(습) 6급	才(재) 6급II	術(술) 6급II
身(신) 6급II	體(체) 6급II	永(영) 6급	遠(원) 6급	爭(쟁) 5급	競(경) 5급
室(실) 8급	家(가) 7급II	英(영) 6급	特(특) 6급	典(전) 5급II	例(례) 6급
實(실) 5급II	果(과) 6급II	例(예) 6급	規(규) 5급	典(전) 5급II	法(법) 5급II
失(실) 6급	敗(패) 5급	例(예) 6급	法(법) 5급II	典(전) 5급II	式(식) 6급
心(심) 7급	性(성) 5급II	例(예) 6급	式(식) 6급	全(전) 7급II	完(완) 5급
兒(아) 5급II	童(동) 6급II	例(예) 6급	典(전) 5급II	戰(전) 6급II	爭(쟁) 5급
樂(악) 6급II	歌(가) 7급	完(완) 5급	全(전) 7급II	正(정) 7급II	方(방) 7급II
安(안) 7급II	全(전) 7급II	料(요) 5급	量(량) 5급	情(정) 5급II	意(의) 6급II
安(안) 7급II	平(평) 7급II	料(요) 5급	度(탁) 6급	停(정) 5급	住(주) 7급
約(약) 5급II	結(결) 5급II	用(용) 6급II	費(비) 5급	停(정) 5급	止(지) 5급

正(정) 7급Ⅱ	_	直(직) 7급Ⅱ	靑(청) 8급	_	綠(록) 6급
題(제) 6급Ⅱ	_	目(목) 6급	體(체) 6급Ⅱ	_	身(신) 6급Ⅱ
第(제) 6급Ⅱ	_	宅(택) 5급Ⅱ	村(촌) 7급	_	落(락) 5급
調(조) 5급Ⅱ	_	和(화) 6급Ⅱ	村(촌) 7급	_	里(리) 7급
卒(졸) 5급Ⅱ	_	兵(병) 5급Ⅱ	寸(촌) 8급	_	節(절) 5급Ⅱ
終(종) 5급	_	結(결) 5급Ⅱ	出(출) 7급	_	生(생) 8급
終(종) 5급	_	末(말) 5급	度(탁) 6급	_	量(량) 5급
終(종) 5급	_	止(지) 5급	土(토) 8급	_	地(지) 7급
罪(죄) 5급	_	過(과) 5급Ⅱ	洞(통) 7급	_	通(통) 6급
州(주) 5급Ⅱ	_	郡(군) 6급	敗(패) 5급	_	亡(망) 5급
知(지) 5급Ⅱ	_	識(식) 5급Ⅱ	敗(패) 5급	_	北(배) 8급
質(질) 5급Ⅱ	_	朴(박) 6급	便(편) 7급	_	安(안) 7급Ⅱ
質(질) 5급Ⅱ	_	正(정) 7급Ⅱ	平(평) 7급Ⅱ	_	等(등) 6급Ⅱ
集(집) 6급Ⅱ	_	團(단) 5급Ⅱ	平(평) 7급Ⅱ	_	安(안) 7급Ⅱ
集(집) 6급Ⅱ	_	會(회) 6급Ⅱ	平(평) 7급Ⅱ	_	和(화) 6급Ⅱ
唱(창) 5급	_	歌(가) 7급	品(품) 5급Ⅱ	_	件(건) 5급
責(책) 5급Ⅱ	_	任(임) 5급Ⅱ	品(품) 5급Ⅱ	_	物(물) 7급Ⅱ

河(하) 5급	_	川(천) 7급
學(학) 8급	_	習(습) 6급
寒(한) 5급	_	冷(랭) 5급
海(해) 7급Ⅱ	_	洋(양) 6급
行(행) 6급	_	動(동) 7급Ⅱ
許(허) 5급	_	可(가) 5급
形(형) 6급Ⅱ	_	式(식) 6급
畫(화) 6급	_	圖(도) 6급Ⅱ
化(화) 5급Ⅱ	_	變(변) 5급Ⅱ
話(화) 7급Ⅱ	_	說(설) 5급Ⅱ
話(화) 7급Ⅱ	_	言(언) 6급
和(화) 6급Ⅱ	_	平(평) 7급Ⅱ
會(회) 6급Ⅱ	_	社(사) 6급Ⅱ
會(회) 6급Ⅱ	_	集(집) 6급Ⅱ
訓(훈) 6급	_	敎(교) 8급
凶(흉) 5급Ⅱ	_	惡(악) 5급Ⅱ

유의어(類義語) – 뜻이 비슷한 한자어(漢字語)

考量(고량) _ 思料(사료)
5급 5급   5급 5급

氣品(기품) _ 風格(풍격)
7급Ⅱ 5급Ⅱ   6급Ⅱ 5급Ⅱ

勞作(노작) _ 力作(역작)
5급Ⅱ 6급Ⅱ   7급Ⅱ 6급Ⅱ

大河(대하) _ 長江(장강)
8급 5급   8급 7급Ⅱ

名勝(명승) _ 景勝(경승)
7급Ⅱ 6급   5급 6급

部門(부문) _ 分野(분야)
6급Ⅱ 8급   6급 6급

所望(소망) _ 念願(염원)
7급 5급Ⅱ   5급Ⅱ 5급

始祖(시조) _ 鼻祖(비조)
6급Ⅱ 7급   5급 7급

心友(심우) _ 知音(지음)
7급 5급Ⅱ   5급Ⅱ 6급Ⅱ

原因(원인) _ 理由(이유)
5급 5급   6급Ⅱ 6급

操心(조심) _ 注意(주의)
5급 7급   6급Ⅱ 6급Ⅱ

改良種(개량종) _ 育成種(육성종)
5급 5급Ⅱ 5급Ⅱ   7급 6급Ⅱ 5급Ⅱ

景勝地(경승지) _ 名勝地(명승지)
5급 6급 7급   7급Ⅱ 6급 7급

都大體(도대체) _ 大關節(대관절)
5급 8급 6급Ⅱ   8급 5급Ⅱ 5급Ⅱ

本土種(본토종) _ 在來種(재래종)
6급 8급 5급Ⅱ   6급 7급 5급Ⅱ

不老草(불로초) _ 不死藥(불사약)
7급Ⅱ 7급 7급   7급Ⅱ 6급 6급Ⅱ

相思病(상사병) _ 花風病(화풍병)
5급Ⅱ 5급 6급   7급 6급Ⅱ 6급

魚水親(어수친) _ 知音人(지음인)
5급 8급 6급   5급Ⅱ 6급Ⅱ 8급

價	価	圖	図	船	舩	節	節
값 가	5급II	그림 도	6급II	배 선	5급	마디 절	5급II
擧	挙,舉	獨	独	歲	岁,歲	定	㝎
들 거:	5급	홀로 독	5급II	해 세	5급II	정할 정:	6급
輕	軽	讀	読	數	数	卒	卆
가벼울 경	5급	읽을 독 구절 두	6급II	셈 수:	7급	마칠 졸	5급II
觀	观,覌,観	樂	楽	實	実	晝	昼
볼 관	5급II	즐길 락 노래 악 좋아할 요	6급II	열매 실	5급II	낮 주	6급
關	関	來	来	兒	児	質	貭
관계할 관	5급II	올 래(:)	7급	아이 아	5급II	바탕 질	5급II
廣	広	練	練	惡	悪	參	参
넓을 광:	5급II	익힐 련:	5급II	악할 악 미워할 오	5급	참여할 참/ 석 삼	5급II
區	区	禮	礼	藥	薬	鐵	鉄
구분할/지경 구	6급	예도 례:	6급	약 약	6급II	쇠 철	5급
舊	旧	勞	労	溫	温	體	体
예 구:	5급II	일할 로	5급II	따뜻할 온	6급	몸 체	6급II
國	国	萬	万	遠	遠	學	学
나라 국	8급	일만 만:	8급	멀 원:	6급	배울 학	8급
氣	気	賣	売	醫	医	號	号
기운 기	7급II	팔 매(:)	5급	의원 의	6급	이름 호(:)	6급
團	団	發	発	者	者	畫	画
둥글 단	5급II	필 발	6급II	놈 자	6급	그림 화: 그을 획(劃)	6급
當	当	變	変	爭	争	會	会
마땅 당	5급II	변할 변:	5급II	다툴 쟁	5급	모일 회:	6급II
對	対	寫	写,冩,寫	傳	伝	效	効
대할 대:	6급II	베낄 사	5급	전할 전	5급II	본받을 효:	5급II
德	徳			戰	战,戦	黑	黒
큰 덕	5급II			싸움 전:	6급II	검을 흑	5급

한자능력검정시험

5급 예상문제 (1회~9회)

- 예상문제(1회~9회)
- 정답(71p~73p)

➜ 본 예상문제는 수험생들의 기억에 의하여 재생된 기출문제를 토대로 분석하고 연구하여 만든 문제입니다.

01 다음 漢字語의 讀音을 쓰세요. (1~35)

1 기준이의 卓球 실력이 늘었습니다. [　　]

2 이곳의 景致는 매우 아름답습니다. [　　]

3 철구가 반장 選擧에 입후보하였습니다. [　　]

4 기차가 鐵橋를 달립니다. [　　]

5 선수들이 必勝을 외치며 출전합니다.[　　]

6 줄서서 順序를 지키며 입장합니다. [　　]

7 조회할 때 국기에 대하여 敬禮를 합니다.
[　　]

8 꾸준한 노력 끝에 큰 財産을 모았습니다.
[　　]

9 공장에서 技術자들이 일을 합니다. [　　]

10 이 개는 性質이 온순합니다. [　　]

11 우리나라는 긴 歷史를 가지고 있습니다.
[　　]

12 우리는 祝福받은 땅에서 살고 있습니다.
[　　]

13 에디슨이 전기를 最初로 발명하였습니다.
[　　]

14 우리는 競爭 사회에서 살고 있습니다. [　　]

15 이번에는 失敗하지 않겠습니다. [　　]

16 오랜 노력 끝에 特許를 받았습니다. [　　]

17 용돈을 節約하여 저축을 합니다. [　　]

18 세상은 끊임없이 變化합니다. [　　]

19 준비를 잘하여 效果를 거두었습니다. [　　]

20 우주는 法則에 따라 움직입니다. [　　]

21 過勞하면 건강을 해칩니다. [　　]

22 오늘 모임에 전원 參席하였습니다. [　　]

23 부서진 건물을 再建하였습니다. [　　]

24 우리는 씩씩한 健兒들입니다. [　　]

25 불편한 부엌을 改良하였습니다. [　　]

26 原價가 싸야 물건 값도 쌉니다. [　　]

27 식물의 種類가 참 많습니다. [　　]

28 화재의 원인을 調査하였습니다. [　　]

29 이것은 내가 考案한 발명품입니다. [　　]

30 德談이 많은 가정에 평화가 있습니다. [　　]

31 날씨가 추워 길이 氷板이 되었습니다. [　　]

32 의장이 可決을 선포합니다. [　　]

33 가수의 獨唱이 우렁찹니다. [　　]

34 강물의 流速이 빠릅니다. [　　]

35 물건의 賣買가 활발합니다. [　　]

02 다음 漢字의 訓과 音을 쓰세요. (36~58)

36 雲 [　　]　　37 感 [　　]

38 患 [　　]　　39 洗 [　　]

40 典 [　　]　　41 窓 [　　]

42 待 [　　]　　43 救 [　　]

44 團 [　　]　　45 貯 [　　]

46 操 [　　]　　47 廣 [　　]

48 領 [　　]　　49 鮮 [　　]

50 停 [　　]　　51 綠 [　　]

52 規 [　　]　　53 朗 [　　]

54 觀 [　　]　　55 災 [　　]

56 湖 [　　]　　57 晝 [　　]

58 牛 [　　]

03 다음 밑줄 친 漢字語를 漢字로 쓰세요. (59~73)

59 잠자리가 공중에 떠 있습니다. [　　]

60 같은 일이 매년 되풀이 됩니다. [　　]

61 여기는 평화로운 농촌입니다. [　　]

62 시간의 흐름이 빠릅니다. [　　]

63 학교 교문이 매우 큽니다. [　　]

64 우리 선생님은 젊으십니다. [　　]

65 수족을 놀려 일을 합니다. [　　]

66 봄에는 식목을 합니다. [　　]

67 비행기가 청천을 납니다. [　　]

68 마당에 화초를 심었습니다. [　　]

69 세상은 넓고 영원 합니다. [　　]

70 정직해야 <u>행동</u>이 바릅니다. [   ]

71 사람은 누구나 <u>성명</u>이 있습니다. [   ]

72 차도를 건널 때 <u>좌우</u>를 살핍니다. [   ]

73 노력 끝에 <u>성공</u>을 거두었습니다. [   ]

04 다음 訓과 音에 맞는 漢字를 쓰세요. (74~78)

74 뿌리 근 [   ] **75** 줄 선 [   ]

76 글 서 [   ] **77** 나무 수 [   ]

78 눈 설 [   ]

05 다음 漢字와 뜻이 相對 또는 反對되는 漢字를 쓰세요. (79~81)

79 長 ↔ (   ) **80** 問 ↔ (   )

81 輕 ↔ (   )

06 다음 (   )에 들어갈 <u>가장 잘 어울리는</u> 漢字語를 찾아 그 번호를 쓰세요. (82~85)

보기	① 古今 ② 傳記 ③ 春秋 ④ 同體
	⑤ 部分 ⑥ 打算 ⑦ 開放 ⑧ 孝道

82 偉人(   ) : 위인의 업적을 적은 책

83 利害(   ) : 이롭고 해로움을 따져 봄

84 一心(   ) : 여럿이 뜻을 합께 함

85 東西(   ) : 동양과 서양, 옛날과 지금

07 다음 漢字와 뜻이 <u>같거나 뜻이 비슷한</u> 漢字를 〈보기〉에서 찾아 그 번호를 쓰세요. (86~88)

보기	① 樂 ② 遠 ③ 角 ④ 止
	⑤ 曜 ⑥ 知

86 永 [   ] **87** 終 [   ]

88 識 [   ]

08 다음 漢字와 음은 같은데 뜻이 다른 漢字를 〈보기〉에서 <u>두 개씩</u> 찾아 그 번호를 쓰세요. (89~91)

보기	① 賞 ② 頭 ③ 相 ④ 使
	⑤ 消 ⑥ 信 ⑦ 仙 ⑧ 寫
	⑨ 臣 ⑩ 島 ⑪ 省 ⑫ 到

89 都 [   ] **90** 仕 [   ]

91 商 [   ]

09 다음 뜻풀이에 맞는 漢字語를 〈보기〉에서 찾아 그 번호를 쓰세요. (92~94)

보기	① 前界 ② 展望 ③ 作戰 ④ 高善
	⑤ 教育 ⑥ 親和 ⑦ 奉仕 ⑧ 萬事
	⑨ 高貴

92 앞일을 미리 내다 봄 [   ]

93 높고 귀함 [   ]

94 의좋게 어울려 지냄 [   ]

10 다음 漢字의 略字(획수를 줄인 漢字)를 쓰세요. (95~97)

보기	體 → 体

95 學 [   ] **96** 號 [   ]

97 會 [   ]

11 다음 漢字에서 진하게 표시한 획은 몇 번째 쓰는지 〈보기〉에서 찾아 그 번호를 쓰세요. (98~100)

보기	① 첫 번째 ② 두 번째
	③ 세 번째 ④ 네 번째
	⑤ 다섯 번째 ⑥ 여섯 번째
	⑦ 일곱 번째 ⑧ 여덟 번째
	⑨ 아홉 번째 ⑩ 열 번째

98 用 [   ] **99** 正 [   ]

100 地 [   ]

수험번호 □□□-□□-□□□□　　　　**성명** □□□□□

생년월일 □□□□□□

※ 유성 싸인펜, 붉은색 필기구 사용 불가.

※ 답안지는 컴퓨터로 처리되므로 구기거나 더럽히지 마시고, 정답 칸 안에만 쓰십시오. 글씨가 채점란으로 들어오면 오답처리가 됩니다.

제　　회 전국한자능력검정시험 5급 답안지(1)　　(시험시간 50분)

번호	정답	1검	2검	번호	정답	1검	2검	번호	정답	1검	2검
	답 안 란	채점란			답 안 란	채점란			답 안 란	채점란	
1				17				33			
2				18				34			
3				19				35			
4				20				36			
5				21				37			
6				22				38			
7				23				39			
8				24				40			
9				25				41			
10				26				42			
11				27				43			
12				28				44			
13				29				45			
14				30				46			
15				31				47			
16				32				48			

	감독위원	채점위원(1)		채점위원(2)		채점위원(3)	
	(서명)	(득점)	(서명)	(득점)	(서명)	(득점)	(서명)

※ 뒷면으로 이어짐

※ 답안지는 컴퓨터로 처리되므로 구기거나 더럽히지 마시고, 정답 칸 안에만 쓰십시오. 글씨가 채점란으로 들어오면 오답처리가 됩니다.

제   회 전국한자능력검정시험 5급 답안지(2)

번호	정답	1검	2검	번호	정답	1검	2검	번호	정답	1검	2검
	답 안 란	채점란			답 안 란	채점란			답 안 란	채점란	
49				67				85			
50				68				86			
51				69				87			
52				70				88			
53				71				89			
54				72				90			
55				73				91			
56				74				92			
57				75				93			
58				76				94			
59				77				95			
60				78				96			
61				79				97			
62				80				98			
63				81				99			
64				82				100			
65				83							
66				84							

제2회

(社) 한국어문회 주관 · 한국한자능력검정회 시행

한자능력검정시험 5급 예상문제

문 항 수 : 100문항
합격문항 : 70문항
제한시간 : 50분

01 다음 漢字語의 讀音을 쓰세요. (1~35)

1 새 옷을 저렴한 <u>價格</u>으로 샀습니다. [　]

2 어른들은 <u>兒童</u>을 보호해야 합니다. [　]

3 이 산은 빼어난 <u>景致</u>를 자랑하고 있습니다.
　　　　　　　　　　　　　　　　　[　]

4 그는 나의 둘도 없는 <u>親舊</u>입니다. [　]

5 <u>規則</u>적인 생활은 건강에 이롭습니다. [　]

6 올림픽 경기에서 메달 <u>順位</u>에 들었습니다.
　　　　　　　　　　　　　　　　　[　]

7 한 시간쯤 후에 대전에 <u>到着</u>하였습니다. [　]

8 그는 화장실 벽에 있는 <u>落書</u>를 지웠습니다.
　　　　　　　　　　　　　　　　　[　]

9 즐거운 <u>旅行</u>이 되시기를 바랍니다. [　]

10 외국어를 유창하게 하기 위해서는 많은 <u>練習</u>
이 필요합니다. 　　　　　　　　　　[　]

11 어머니는 좋은 <u>材料</u>를 고르기 위해 일찍 시장
에 가셨습니다. 　　　　　　　　　　[　]

12 우리는 학교 <u>賣店</u>에서 간단히 식사를 했습니다.
　　　　　　　　　　　　　　　　　[　]

13 그는 전 <u>財産</u>을 털어 아내의 수술비용을 마련
했습니다. 　　　　　　　　　　　　[　]

14 저도 대통령 <u>選擧</u>에서 소중한 한 표를 행사했
습니다. 　　　　　　　　　　　　　[　]

15 새로 산 세탁기 사용법에 대한 <u>說明</u>을 들었습
니다. 　　　　　　　　　　　　　　[　]

16 승무원의 <u>案內</u>에 따라 신속히 대피해 주십시오.
　　　　　　　　　　　　　　　　　[　]

17 그는 <u>節約</u> 정신이 매우 강합니다. [　]

18 그 자매는 <u>友愛</u>가 넘칩니다. [　]

19 많은 사람들이 시청 앞 광장에 <u>雲集</u>했습니다.
　　　　　　　　　　　　　　　　　[　]

20 <u>病院</u>에서 검사를 받아보는 것이 좋을 것입니다.
　　　　　　　　　　　　　　　　　[　]

21 그의 성공 <u>要因</u>은 성실한 생활 태도입니다.
　　　　　　　　　　　　　　　　　[　]

22 오늘날에는 환경 파괴와 관련된 <u>災害</u>가 늘어
나고 있습니다. 　　　　　　　　　　[　]

23 산에 오르니 시원한 <u>展望</u>이 눈에 들어왔습니다.
　　　　　　　　　　　　　　　　　[　]

24 그는 자신의 <u>感情</u>을 솔직하게 표현했습니다.
　　　　　　　　　　　　　　　　　[　]

25 시장에는 물건의 <u>種類</u>가 다양합니다. [　]

26 식료품의 <u>變質</u>을 막기 위해서는 냉동 보관이
필요합니다. 　　　　　　　　　　　[　]

27 나는 <u>過去</u>에 교사 생활을 한 적이 있습니다.
　　　　　　　　　　　　　　　　　[　]

28 이번 일이 실패한 것은 우리 모두의 <u>責任</u>입니다.
　　　　　　　　　　　　　　　　　[　]

29 감기에 걸리면 푹 쉬는 게 <u>最善</u>입니다. [　]

30 인기가수가 <u>祝歌</u>를 불렀습니다. [　]

31 회의 내용을 <u>充實</u>히 기록하였습니다. [　]

32 어머니는 지금 <u>出他</u>중이십니다. [　]

33 나는 <u>卓球</u>를 아주 잘 칩니다. [　]

34 여행을 떠나기 전에 <u>救急</u>약을 준비하였습니다.
　　　　　　　　　　　　　　　　　[　]

35 반 친구가 전국체전에 <u>參加</u>하였습니다. [　]

02 다음 漢字의 訓과 音을 쓰세요. (36~58)

36 給 [　]　　37 敗 [　]

38 團 [　]　　39 仙 [　]

40 朗 [　]　　41 査 [　]

42 貯 [　]　　43 初 [　]

44 湖 [　]　　45 炭 [　]

46 輕 [　]　　47 貴 [　]

48 浴 [　]　　49 寫 [　]

50 費 [　]　　51 馬 [　]

52 元 [　]　　53 傳 [　]

54 奉 [　]　　55 歲 [　]

56 筆 [　]　　57 許 [　]

58 耳 [　]

03 다음 밑줄 친 漢字語를 漢字로 쓰세요. (59~73)

59 이 박물관은 휴일에만 일반 시민에게 <u>개방</u>됩니다.
　　　　　　　　　　　　　　　　　[　]

60 물건들의 <u>합계</u>가 얼마입니까? [　]

61 두 나라는 <u>공식</u> 외교관계를 수립했습니다.
　　　　　　　　　　　　　　　　　[　]

62 서울은 <u>교통</u>의 중심지입니다. [　]

63 시장이 별로 붐비지 않아서 <u>다행</u>입니다.
　　　　　　　　　　　　　　　　　[　]

64 그들은 뜻밖의 <u>대면</u>에 할 말을 잃었습니다.

[   ]

65 <u>독자</u>와 작가가 만나는 모임이 열렸습니다.

[   ]

66 지하철 <u>노선</u>을 잘 보고 오세요. [   ]

67 <u>서해</u> 바다는 수심이 낮습니다. [   ]

68 멸치에는 칼슘 <u>성분</u>이 많습니다. [   ]

69 은행거래에서는 <u>신용</u>이 아주 중요합니다.

[   ]

70 나는 <u>매일</u> 아침 운동을 합니다. [   ]

71 잠자는 아이를 보고 있으면 <u>평화</u>를 느낍니다.

[   ]

72 우리 가족은 주말마다 <u>등산</u>을 합니다. [   ]

73 사람은 누구나 분수와 <u>도리</u>를 알아야 합니다.

[   ]

04 다음 訓과 音에 맞는 漢字를 쓰세요. (74~78)

74 향할 향 [   ]   **75** 들 야 [   ]

76 기다릴 대 [   ]   **77** 빠를 속 [   ]

78 가까울 근 [   ]

05 다음 한자와 뜻이 相對 또는 反對되는 한자를 쓰세요. (79~81)

79 (   ) ↔ 末   **80** 生 ↔ (   )

81 昨 ↔ (   )

06 다음 (   )에 들어 갈 가장 적절한 漢字語를 〈보기〉에서 찾아 그 번호를 써서 漢字語를 만드세요. (82~85)

보기	① 曲直	② 河清	③ 不淸	④ 可知
	⑤ 四溫	⑥ 有無	⑦ 四寒	⑧ 後無

82 百年(   ) : 아무리 오래 기다려도 어떤 일이 이루어지기 어려움을 이름.

83 三寒(   ) : 7일을 주기로 사흘 동안 춥고 나흘 동안 따뜻함.

84 前無(   ) : 전에도 없었고 후에도 없음.

85 不問(   ) : 묻지 않아도 알 수 있음.

07 다음 漢字와 뜻이 <u>같거나 비슷한</u> 漢字를 〈보기〉에서 찾아 그 번호를 쓰세요. (86~88)

보기	① 兵	② 改	③ 觀	④ 思
	⑤ 番	⑥ 法		

86 卒 [   ]   **87** 典 [   ]

88 念 [   ]

08 다음 漢字와 음은 같은데 뜻이 다른 漢字를 〈보기〉에서 <u>두 개씩</u> 찾아 그 번호를 쓰세요. (89~91)

보기	① 調	② 健	③ 都	④ 頭
	⑤ 基	⑥ 客	⑦ 件	⑧ 圖
	⑨ 宿	⑩ 己	⑪ 吉	⑫ 洗

89 島 : (   ), (   )   **90** 汽 : (   ), (   )

91 建 : (   ), (   )

09 다음 뜻풀이에 맞는 漢字語를 〈보기〉에서 찾아 그 번호를 쓰세요. (92~94)

보기	① 告老	② 陽地	③ 手旗	④ 古老
	⑤ 量地	⑥ 手技	⑦ 苦勞	⑧ 洋紙
	⑨ 手記			

92 괴로움과 수고로움. [   ]

93 손재주. [   ]

94 땅을 측량함. [   ]

10 다음 漢字의 약자(획수를 줄인 漢字)를 쓰세요. (95~97)

95 發 [   ]   **96** 禮 [   ]

97 醫 [   ]

11 다음 漢字에서 진하게 표시한 획은 몇 번째 쓰는지 〈보기〉에서 찾아 그 번호를 쓰세요. (98~100)

보기	① 첫 번째	② 두 번째
	③ 세 번째	④ 네 번째
	⑤ 다섯 번째	⑥ 여섯 번째
	⑦ 일곱 번째	⑧ 여덟 번째
	⑨ 아홉 번째	⑩ 열 번째

98

等 [   ]

99

本 [   ]

100

注 [   ]

수험번호 □□□-□□-□□□□　　성명 □□□□□

생년월일 □□□□□□

※ 유성 싸인펜, 붉은색 필기구 사용 불가.

※ 답안지는 컴퓨터로 처리되므로 구기거나 더럽히지 마시고, 정답 칸 안에만 쓰십시오. 글씨가 채점란으로 들어오면 오답처리가 됩니다.

제　　회 전국한자능력검정시험 5급 답안지(1)　(시험시간 50분)

번호	정답	1검	2검	번호	정답	1검	2검	번호	정답	1검	2검
1				17				33			
2				18				34			
3				19				35			
4				20				36			
5				21				37			
6				22				38			
7				23				39			
8				24				40			
9				25				41			
10				26				42			
11				27				43			
12				28				44			
13				29				45			
14				30				46			
15				31				47			
16				32				48			

	감독위원	채점위원(1)		채점위원(2)		채점위원(3)	
	(서명)	(득점)	(서명)	(득점)	(서명)	(득점)	(서명)

※ 뒷면으로 이어짐

※ 답안지는 컴퓨터로 처리되므로 구기거나 더럽히지 마시고, 정답 칸 안에만 쓰십시오. 글씨가 채점란으로 들어오면 오답처리가 됩니다.

제　　회 전국한자능력검정시험 5급 답안지(2)

번호	정답	1검	2검	번호	정답	1검	2검	번호	정답	1검	2검
49				67				85			
50				68				86			
51				69				87			
52				70				88			
53				71				89			
54				72				90			
55				73				91			
56				74				92			
57				75				93			
58				76				94			
59				77				95			
60				78				96			
61				79				97			
62				80				98			
63				81				99			
64				82				100			
65				83							
66				84							

01 다음 漢字語의 讀音을 쓰세요. (1~35)

1 우리 國民은 세계로 힘차게 진출하고 있습니다.
[   ]

2 우리는 설명을 듣고 행동을 開始하였습니다.
[   ]

3 헌 집을 헐고 再建하였습니다. [   ]

4 황하는 古代 문명의 발상지입니다. [   ]

5 그것은 最近에 일어난 일입니다. [   ]

6 이것은 내가 考案한 발명품입니다. [   ]

7 자동차의 種類가 참 많습니다. [   ]

8 설악산의 景致가 아름답습니다. [   ]

9 신문에 상품 廣告가 많이 실렸습니다. [   ]

10 병원에 감기 患者가 많습니다. [   ]

11 그것은 나에게 꼭 必要한 물건입니다. [   ]

12 기준이가 반장 選擧에 입후보 하였습니다.
[   ]

13 그것은 모두 過去의 일입니다. [   ]

14 야구 시합에서 安打가 많아야 승리합니다.
[   ]

15 부지런히 일해서 財産을 모았습니다. [   ]

16 일요일에 등산하기로 約束하였습니다. [   ]

17 선생님의 說明을 듣고 알게 되었습니다.[   ]

18 넓은 바다를 海洋이라고 합니다. [   ]

19 이번 대회에서 우리가 勝利하였습니다. [   ]

20 어려움이 닥쳐도 勇氣를 잃지 말아야 합니다.
[   ]

21 우리는 特級열차를 타고 갔습니다. [   ]

22 기차가 鐵橋를 달립니다. [   ]

23 공장에서 技術을 익혔습니다. [   ]

24 모두 團結하여 그 일을 해냈습니다. [   ]

25 높은 데서 觀望하는 경치가 아름답습니다.
[   ]

26 마음이 편안해야 幸福합니다. [   ]

27 교통 規則을 지켜야 안전합니다. [   ]

28 그는 輕量급 역도 선수입니다. [   ]

29 여름에는 溫度가 높아 무척 덥습니다. [   ]

30 성공은 노력한 결과지 運命이 아닙니다.
[   ]

31 오늘은 기온의 變化가 심합니다. [   ]

32 좁은 通路를 따라 걸어갑니다. [   ]

33 기윤이는 性質이 온순합니다. [   ]

34 철수는 野球를 좋아합니다. [   ]

35 우리는 긴 歷史를 가진 나라입니다. [   ]

02 다음 漢字의 訓과 音을 쓰세요. (36~58)

36 湖 [   ]   37 浴 [   ]

38 的 [   ]   39 鮮 [   ]

40 流 [   ]   41 終 [   ]

42 操 [   ]   43 識 [   ]

44 願 [   ]   45 止 [   ]

46 獨 [   ]   47 領 [   ]

48 葉 [   ]   49 夜 [   ]

50 院 [   ]   51 救 [   ]

52 談 [   ]   53 停 [   ]

54 位 [   ]   55 德 [   ]

56 效 [   ]   57 筆 [   ]

58 奉 [   ]

03 다음 밑줄 친 漢字語를 漢字로 쓰세요. (59~73)

59 생물의 세계는 매우 넓습니다. [   ]

60 우리 선생님은 젊으십니다. [   ]

61 나는 매월 말일에 저금을 합니다. [   ]

62 넓은 평지에 목장이 있습니다. [   ]

63 꽃밭에 화초를 심었습니다. [   ]

64 나는 매일 일기를 씁니다. [   ]

65 큰길 좌우에 나무가 서 있습니다. [   ]

66 우리 학교 교장 선생님이 오십니다. [   ]

67 지금은 공부 시간입니다. [   ]

68 우리 반 남자들은 씩씩합니다. [   ]

69 깊은 <u>산중</u>에 절이 있습니다. [　　　]

70 우리의 <u>자연</u>은 아름답습니다. [　　　]

71 여기는 관광지로 <u>유명</u>합니다. [　　　]

72 학교는 　<u>교육</u>하는 곳입니다. [　　　]

73 나는 <u>동화</u>(이야기)책을 좋아합니다. [　　　]

04 다음 訓과 音에 맞는 漢字를 쓰세요. (74~78)

74 다스릴 리 [　　　] **75** 맑을 청 [　　　]

76 어제 작 [　　　] **77** 아침 조 [　　　]

78 눈 설 [　　　]

05 다음 한자와 뜻이 相對 또는 反對되는 한자를 쓰세요. (79~81)

79 着 ↔ (　　) **80** 曲 ↔ (　　)

81 少 ↔ (　　)

06 다음 (　)에 들어갈 <u>가장 잘 어울리는</u> 漢字語를 〈보기〉에서 찾아 그 번호를 써서 漢字語를 완성하세요. (82~85)

보기	① 勞動	② 賣買	③ 大計	④ 順序
	⑤ 孝親	⑥ 東風	⑦ 寒冷	⑧ 責任

82 馬耳(　　) : 남의 말을 귀담아 듣지 않음

83 百年(　　) : 멀리 보고 세우는 계획

84 家事(　　) : 주부가 하는 집 안 일

85 敬老(　　) : 노인 공경과 어버이 효도

07 다음 漢字와 뜻이 <u>같거나 뜻이 비슷한</u> 漢字를 〈보기〉에서 찾아 그 번호를 쓰세요. (86~88)

보기	① 思	② 曜	③ 法	④ 競
	⑤ 偉	⑥ 果		

86 實 [　　　] **87** 意 [　　　]

88 爭 [　　　]

08 다음 漢字와 음은 같은데 뜻이 다른 漢字를 〈보기〉에서 <u>두 개씩</u> 찾아 그 번호를 쓰세요. (89~91)

보기	① 仕	② 材	③ 章	④ 罪
	⑤ 書	⑥ 相	⑦ 注	⑧ 戰
	⑨ 展	⑩ 知	⑪ 賞	⑫ 第

89 商 [　　　] **90** 傳 [　　　]

91 週 [　　　]

09 다음 뜻풀이에 맞는 漢字語를 〈보기〉에서 찾아 그 번호를 쓰세요. (92~94)

보기	① 充電	② 反問	③ 魚族	④ 改良
	⑤ 原因	⑥ 調査	⑦ 許可	⑧ 漁業
	⑨ 和合			

92 고치어 좋게 함 [　　　]

93 물고기를 잡아 생활하는 사업 [　　　]

94 되물음 [　　　]

10 다음 漢字의 약자(획수를 줄인 漢字)를 쓰세요. (95~97)

보기	體 → 体

95 圖 [　　　] **96** 醫 [　　　]

97 畫 [　　　]

11 다음 漢字에서 ㉠획은 몇 번째 쓰는지 〈보기〉에서 찾아 그 번호를 쓰세요. (98~100)

보기	① 첫 번째	② 두 번째
	③ 세 번째	④ 네 번째
	⑤ 다섯 번째	⑥ 여섯 번째
	⑦ 일곱 번째	⑧ 여덟 번째
	⑨ 아홉 번째	

98 式 [　　] **99** 在 [　　]

100 女 [　　]

수험번호 □□□-□□-□□□□ **성명** □□□□□

생년월일 □□□□□□

※ 유성 싸인펜, 붉은색 필기구 사용 불가.

※ 답안지는 컴퓨터로 처리되므로 구기거나 더럽히지 마시고, 정답 칸 안에만 쓰십시오. 글씨가 채점란으로 들어오면 오답처리가 됩니다.

제   회 전국한자능력검정시험 5급 답안지(1)   (시험시간 50분)

번호	정답	1검	2검	번호	정답	1검	2검	번호	정답	1검	2검
1				17				33			
2				18				34			
3				19				35			
4				20				36			
5				21				37			
6				22				38			
7				23				39			
8				24				40			
9				25				41			
10				26				42			
11				27				43			
12				28				44			
13				29				45			
14				30				46			
15				31				47			
16				32				48			

	감독위원	채점위원(1)		채점위원(2)		채점위원(3)	
	(서명)	(득점)	(서명)	(득점)	(서명)	(득점)	(서명)

※ 뒷면으로 이어짐

※ 답안지는 컴퓨터로 처리되므로 구기거나 더럽히지 마시고, 정답 칸 안에만 쓰십시오. 글씨가 채점란으로 들어오면 오답처리가 됩니다.

제　　회 전국한자능력검정시험 5급 답안지(2)

번호	정답	1검	2검	번호	정답	1검	2검	번호	정답	1검	2검
49				67				85			
50				68				86			
51				69				87			
52				70				88			
53				71				89			
54				72				90			
55				73				91			
56				74				92			
57				75				93			
58				76				94			
59				77				95			
60				78				96			
61				79				97			
62				80				98			
63				81				99			
64				82				100			
65				83							
66				84							

01 다음 漢字語의 讀音을 쓰세요. (1~35)

1 인간 존중은 민주주의의 基本입니다. [　　]

2 안경테를 바꿔 썼더니 한결 知的으로 보입니다.
[　　]

3 기차가 지나가는 鐵橋 밑으로 배가 지나갑니다.
[　　]

4 선생님께서 黑板에 분필로 판서를 하셨습니다.
[　　]

5 위원회는 그 사안을 합당한 것으로 完決하였
습니다. [　　]

6 세계 시장을 석권하려는 업체들 간의 競爭이
달아오르고 있습니다. [　　]

7 고등법원에서는 原告도 죄가 있다고 판결했습
니다. [　　]

8 이 산은 빼어난 景致를 자랑하고 있다. [　　]

9 이번 태풍으로 漁民들의 피해가 상당했습니다.
[　　]

10 회사의 成敗가 달려 있는 만큼 직원들은 최선
을 다했습니다. [　　]

11 이번 일은 再考할 필요가 있습니다. [　　]

12 침팬지는 나무 막대기를 道具로 사용해서 열
매를 땁니다. [　　]

13 이번 발표 주제는 도시 交通 문제의 현황과 전
망입니다. [　　]

14 그는 삼 년 週期로 이사를 다녔습니다. [　　]

15 정부는 한 여행사에 버스 운송 사업을 許可했
습니다. [　　]

16 판소리는 唱法에 따라 동편제와 서편제로 나
눕니다. [　　]

17 지금 必要한 것은 무엇보다도 운동입니다.
[　　]

18 웃어른께는 格式에 맞추어 편지를 써야 합니다.
[　　]

19 規則적인 생활은 건강에 좋습니다. [　　]

20 우리는 내일 아침 도서관에서 만나기로 約束
하였습니다. [　　]

21 고객님께서 말씀하시는 그 제품은 品切된 지
오래입니다. [　　]

22 打順의 변경이 너무 심하면 좋지 않습니다.
[　　]

23 그 가수는 오랜 만에 新曲을 발표하였습니다.
[　　]

24 그녀는 자신과 관련되지 않은 일에도 가끔 參
見합니다. [　　]

25 그녀는 학비를 장학금으로 充當하려고 열심히
공부하였습니다. [　　]

26 춘향전은 서양에서 最初로 번역된 우리나라
소설입니다. [　　]

27 오늘날 언론은 그 힘이 매우 크기 때문에 공정
성에 대한 責任을 지녀야합니다. [　　]

28 우리 가족은 모두 卓球를 좋아합니다. [　　]

29 그 전투에서 兵士들은 위축됨이 없이 용감히
싸웠습니다. [　　]

30 기차 안은 단풍 구경을 가려는 旅客들로 붐볐
습니다. [　　]

31 氷河의 상태는 기후의 장기적 변동을 추정하
는 데 중요한 지표가 됩니다. [　　]

32 서울특별시는 대한민국의 首都입니다. [　　]

33 우리 부서는 보충 인력의 구인 광고를 전자 메
일에 公示했습니다. [　　]

34 그 선수는 체중을 잘 調節하였습니다. [　　]

35 이번에 올린 案件이 통과되었습니다. [　　]

02 다음 漢字의 訓과 音을 쓰세요. (36~58)

36 雄 [   ]   37 洗 [   ]

38 湖 [   ]   39 炭 [   ]

40 加 [   ]   41 馬 [   ]

42 耳 [   ]   43 選 [   ]

44 流 [   ]   45 德 [   ]

46 貯 [   ]   47 祝 [   ]

48 效 [   ]   49 吉 [   ]

50 談 [   ]   51 曜 [   ]

52 査 [   ]   53 倍 [   ]

54 健 [   ]   55 展 [   ]

56 他 [   ]   57 雨 [   ]

58 賞 [   ]

03 다음 밑줄 친 漢字語를 漢字로 쓰세요. (59~73)

59 모든 국민은 법 앞에 평등합니다. [   ]

60 투표 결과에 사람들의 이목이 집중되었습니다. [   ]

61 그는 이웃과 친근하게 지내 왔습니다. [   ]

62 차가 고장이 났는지 시동이 자꾸 꺼집니다. [   ]

63 이것은 의심할 바 없는 명백한 사실입니다. [   ]

64 모처럼 동심으로 돌아가 즐겁게 놀았습니다. [   ]

65 겨울이 지났으니 동복을 옷장에 넣어야겠습니다. [   ]

66 이 물건의 용도를 알려주십시오. [   ]

67 이 동네 사람들 태반이 그 사실을 모르고 있습니다. [   ]

68 그 책은 특히 여성 독자들에게 많은 공감을 불러일으켰습니다. [   ]

69 당신이 왜 그런 결정을 내렸는지 이유가 궁금합니다. [   ]

70 석유는 각종 산업에 필수적인 에너지 자원이며 동시에 공업 원료로 사용됩니다. [   ]

71 그는 차차 의식이 살아나 이젠 마음도 먹고 말도 하게 되었습니다. [   ]

72 이 학습서는 오늘 발행했습니다. [   ]

73 옛날부터 큰 부자는 하늘에 달렸지마는 작은 부자는 부지런에 달렸다는 금언이 있습니다. [   ]

04 다음 訓과 音에 맞는 漢字를 쓰세요. (74~78)

74 빛 광 [   ]   75 기다릴 대 [   ]

76 바다 양 [   ]   77 합할 합 [   ]

78 눈 목 [   ]

05 다음 한자와 뜻이 相對 또는 反對되는 한자를 쓰세요. (79~81)

79 (   ) ↔ 冷   80 今 ↔ (   )

81 過 ↔ (   )

06 다음 (   )에 들어 갈 가장 적절한 漢字語를 〈보기〉에서 찾아 그 번호를 써서 漢字語를 만드세요. (82~85)

보기	① 特筆 ② 有實 ③ 地變 ④ 無實
	⑤ 多幸 ⑥ 着衣 ⑦ 筆寫 ⑧ 重大

82 人相(   ) 사람의 생김새와 옷차림.

83 有名(   ) 명목만 있고 실상은 없음.

84 天災(   ) 지진, 홍수, 태풍 따위의 자연 현상으로 인한 재앙.

85 大書(   ) 신문 따위의 출판물에서 어떤 기사에 큰 비중을 두어 다룸을 이르는 말.

07 다음 漢字와 뜻이 같거나 비슷한 漢字를 〈보기〉에서 찾아 그 번호를 쓰세요. (86~88)

보기	① 良 ② 惡 ③ 朗 ④ 終
	⑤ 望 ⑥ 死

86 止 [   ]   87 凶 [   ]

88 願 [   ]

08 다음 漢字와 흡은 같은데 뜻이 <u>다른</u> 漢字를 〈보기〉에서 <u>두 개씩</u> 찾아 그 번호를 쓰세요. (89~91)

보기	① 料	② 路	③ 朝	④ 汽
	⑤ 去	⑥ 貴	⑦ 老	⑧ 祖
	⑨ 州	⑩ 己	⑪ 擧	⑫ 例

89 勞 : ( ), ( )　**90** 操 : ( ), ( )

91 技 : ( ), ( )

09 다음 뜻풀이에 맞는 漢字語를 〈보기〉에서 찾아 그 번호를 쓰세요. (92~94)

보기	① 開化	② 陽子	③ 商船	④ 改化
	⑤ 量子	⑥ 上善	⑦ 開花	⑧ 養子
	⑨ 上船			

92 나쁜 것을 고쳐 착한 것을 좋음. [ ]

93 아들 없는 집에서 대를 잇기 위하여 데려다 기르는 남자 아이. [ ]

94 삯을 받고 사람이나 짐을 나르는 데에 쓰는 배. [ ]

10 다음 漢字의 약자(획수를 줄인 漢字)를 쓰세요. (95~97)

95 對 [ ]　　**96** 區 [ ]

97 號 [ ]

11 다음 漢字에서 진하게 표시한 획은 몇 번째 쓰는지 〈보기〉에서 찾아 그 번호를 쓰세요. (98~100)

보기	① 첫 번째	② 두 번째
	③ 세 번째	④ 네 번째
	⑤ 다섯 번째	⑥ 여섯 번째
	⑦ 일곱 번째	⑧ 여덟 번째
	⑨ 아홉 번째	⑩ 열 번째

98
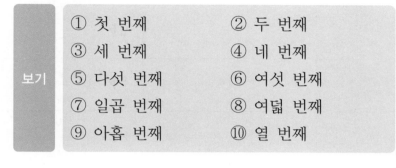
青 [ ]

99
注 [ ]

100
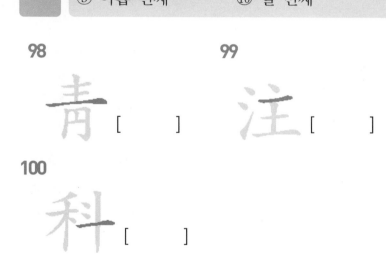
科 [ ]

수험번호 □□□-□□-□□□□　　　성명 □□□□□

생년월일 □□□□□□

※ 유성 싸인펜, 붉은색 필기구 사용 불가.

※ 답안지는 컴퓨터로 처리되므로 구기거나 더럽히지 마시고, 정답 칸 안에만 쓰십시오. 글씨가 채점란으로 들어오면 오답처리가 됩니다.

제　　회 전국한자능력검정시험 5급 답안지(1)　　(시험시간 50분)

번호	정답	1검	2검	번호	정답	1검	2검	번호	정답	1검	2검
1				17				33			
2				18				34			
3				19				35			
4				20				36			
5				21				37			
6				22				38			
7				23				39			
8				24				40			
9				25				41			
10				26				42			
11				27				43			
12				28				44			
13				29				45			
14				30				46			
15				31				47			
16				32				48			

감독위원	채점위원(1)		채점위원(2)		채점위원(3)	
(서명)	(득점)	(서명)	(득점)	(서명)	(득점)	(서명)

※ 뒷면으로 이어짐

※ 답안지는 컴퓨터로 처리되므로 구기거나 더럽히지 마시고, 정답 칸 안에만 쓰십시오. 글씨가 채점란으로 들어오면 오답처리가 됩니다.

제   회 전국한자능력검정시험 5급 답안지(2)

번호	정답	1검	2검	번호	정답	1검	2검	번호	정답	1검	2검
49				67				85			
50				68				86			
51				69				87			
52				70				88			
53				71				89			
54				72				90			
55				73				91			
56				74				92			
57				75				93			
58				76				94			
59				77				95			
60				78				96			
61				79				97			
62				80				98			
63				81				99			
64				82				100			
65				83							
66				84							

01 다음 漢字語의 讀音을 쓰세요. (1~35)

1 이 교통사고의 原因은 과속입니다. [　　]

2 긴 토의 끝에 드디어 可決되었습니다.
[　　]

3 戰爭이 없어야 평화가 옵니다. [　　]

4 교통 規則을 잘 지켜야 사고가 나지 않습니다.
[　　]

5 이곳은 景致가 아름다운 곳입니다. [　　]

6 운전할 때 過速은 하지 말아야 합니다. [　　]

7 사람을 무시하는 말은 큰 罪惡입니다. [　　]

8 거름을 듬뿍 주어야 果樹가 잘 자랍니다.
[　　]

9 우리는 늘 最善을 다 해야 합니다. [　　]

10 운동 競技에서는 규칙을 잘 지켜야 합니다.
[　　]

11 강당에서 학용품을 展示하고 있습니다. [　　]

12 여러 번의 失敗 끝에 성공을 거두었습니다.
[　　]

13 내가 한국에서 태어 난 것이 큰 祝福입니다.
[　　]

14 국회의원은 選擧를 통해 뽑습니다. [　　]

15 할아버지를 모시고 病院에 다녀왔습니다.
[　　]

16 너무 어두워서 누구인지 識別하지 못하였습니다.
[　　]

17 선생님은 우리를 늘 親切히 가르쳐 주십니다.
[　　]

18 그는 늘 거수 敬禮를 합니다. [　　]

19 기준이의 性格은 매우 온순합니다. [　　]

20 이번에 내 발명품이 特許를 받았습니다.
[　　]

21 오늘 날씨가 매우 淸明합니다. [　　]

22 견우와 직녀의 傳說은 매우 애틋합니다.
[　　]

23 겨울은 날씨가 매우 寒冷합니다. [　　]

24 열심히 練習하여 우승을 하였습니다. [　　]

25 규칙과 順序를 지켜야 문화 국민입니다.
[　　]

26 국민은 의무와 責任을 다 해야 합니다. [　　]

27 다리 위에 鐵板을 깔았습니다. [　　]

28 산 위에서 觀望하는 경치가 매우 아름답습니다.
[　　]

29 큰 산불이 나서 많은 災害를 입었습니다.
[　　]

30 바람에 落葉이 굴러다닙니다. [　　]

31 대륙에 廣野가 끝없이 이어집니다. [　　]

32 상품은 品質이 우수해야 잘 팔립니다. [　　]

33 식물의 種類는 헤아릴 수 없이 많습니다.
[　　]

34 지금 막 기차가 到着하였습니다. [　　]

35 드디어 합격 通知를 받았습니다. [　　]

02 다음 漢字의 訓과 音을 쓰세요. (36~58)

36 固 [　　] 　37 産 [　　]

38 奉 [　　] 　39 洗 [　　]

40 價 [　　] 　41 操 [　　]

42 漁 [　　] 　43 終 [　　]

44 飮 [　　] 　45 健 [　　]

46 患 [　　] 　47 歷 [　　]

48 改 [　　] 　49 貯 [　　]

50 鮮 [　　] 　51 效 [　　]

52 朗 [　　] 　53 待 [　　]

54 醫 [　　] 　55 訓 [　　]

56 願 [   ]   57 費 [   ]

58 財 [   ]

03 다음 밑줄 친 漢字語를 漢字쓰세요. (59~73)

59 나는 씩씩한 대한의 <u>소년</u>입니다.   [   ]

60 <u>석유</u>는 세계에서 널리 쓰입니다.   [   ]

61 <u>신문</u>이 매일 배달됩니다.   [   ]

62 산에 <u>초목</u>이 무성합니다.   [   ]

63 가을과 겨울을 <u>추동</u>이라고 합니다.   [   ]

64 여기는 교통이 매우 <u>편리</u>합니다.   [   ]

65 도시에는 <u>주민</u>이 모여 삽니다.   [   ]

66 여기는 쉬는 <u>장소</u>입니다.   [   ]

67 사람의 기본은 <u>효도</u>입니다.   [   ]

68 <u>용기</u>가 있어야 개척을 합니다.   [   ]

69 학교는 <u>교육</u>하는 곳입니다.   [   ]

70 <u>시계</u>가 없으면 불편합니다.   [   ]

71 일요일은 늘 <u>휴교</u>입니다.   [   ]

72 <u>부모</u>님의 은혜는 하늘과 같습니다.   [   ]

73 우리의 소원은 <u>평화</u>통일입니다.   [   ]

04 다음 訓과 音에 맞는 漢字를 쓰세요. (74~78)

74 아이 동 [   ]   75 살필 성 [   ]

76 무리 등 [   ]   77 겨레 족 [   ]

78 급할 급 [   ]

05 다음 한자와 뜻이 相對 또는 反對되는 한자를 쓰세요. (79~81)

79 弱 ↔ (   )   80 兄 ↔ (   )

81 夕 ↔ (   )

06 다음 (   )에 들어갈 가장 잘 어울리는 漢字語를 〈보기〉에서 찾아 그 번호를 써서 漢字語를 완성하세요. (82~85)

보기   ① 三日   ② 萬物   ③ 發表   ④ 正直
     ⑤ 獨立   ⑥ 必要   ⑦ 古今   ⑧ 德談

82 東西(   )(   ) : 동양과 서양 옛날과 지금.

83 天地(   )(   ) : 세상의 온갖 사물.

84 自主(   )(   ) : 스스로 완전히 홀로 섬.

85 作心(   )(   ) : 결심이 오래 가지 못 함.

07 다음 漢字와 뜻이 같거나 뜻이 비슷한 漢字를 〈보기〉에서 찾아 그 번호를 쓰세요. (86~88)

보기   ① 始   ② 相   ③ 考   ④ 式
     ⑤ 言   ⑥ 信

86 法 [   ]   87 思 [   ]

88 初 [   ]

08 다음 漢字와 음은 같은데 뜻이 다른 漢字를 〈보기〉에서 <u>두 개씩</u> 찾아 그 번호를 쓰세요. (89~91)

보기   ① 的   ② 調   ③ 使   ④ 章
     ⑤ 材   ⑥ 寫   ⑦ 曲   ⑧ 庭
     ⑨ 州   ⑩ 題   ⑪ 情   ⑫ 晝

89 停 [   ]   90 査 [   ]

91 週 [   ]

09 다음 뜻풀이에 맞는 漢字語를 〈보기〉에서 찾아 그 번호를 쓰세요. (92~94)

보기   ① 公約   ② 工建   ③ 代話   ④ 空約
     ⑤ 工事   ⑥ 對話   ⑦ 功約   ⑧ 工具
     ⑨ 大話

92 마주 대하여 이야기 함   [   ]

93 사회 여러 사람과의 약속   [   ]

94 건축이나 도로를 만들고 고침   [   ]

10 다음 漢字의 약자(획수를 줄인 漢字)를 쓰세요. (95~97)

보기   體 → 体

95 世 [   ]   96 國 [   ]

97 讀 [   ]

⓫ 다음 漢字에서 진하게 표시된 획은 몇 번째 쓰는지 〈보기〉에서 찾아 그 번호를 쓰세요. (98~100)

보기	① 첫 번째	② 두 번째
	③ 세 번째	④ 네 번째
	⑤ 다섯 번째	⑥ 여섯 번째
	⑦ 일곱 번째	⑧ 여덟 번째
	⑨ 아홉 번째	

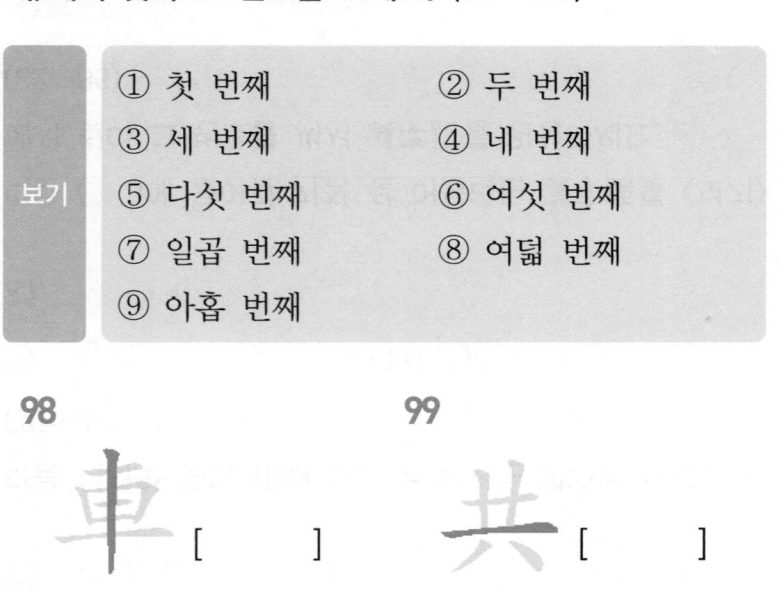

98 車 [   ]   99 共 [   ]

100 以 [   ]

수험번호 □□□-□□-□□□□　　　성명 □□□□□

생년월일 □□□□□□

※ 유성 싸인펜, 붉은색 필기구 사용 불가.

※ 답안지는 컴퓨터로 처리되므로 구기거나 더럽히지 마시고, 정답 칸 안에만 쓰십시오. 글씨가 채점란으로 들어오면 오답처리가 됩니다.

제　　회 전국한자능력검정시험 5급 답안지(1)　　(시험시간 50분)

번호	정답	1검	2검	번호	정답	1검	2검	번호	정답	1검	2검
1				17				33			
2				18				34			
3				19				35			
4				20				36			
5				21				37			
6				22				38			
7				23				39			
8				24				40			
9				25				41			
10				26				42			
11				27				43			
12				28				44			
13				29				45			
14				30				46			
15				31				47			
16				32				48			

	감독위원	채점위원(1)		채점위원(2)		채점위원(3)	
	(서명)	(득점)	(서명)	(득점)	(서명)	(득점)	(서명)

※ 뒷면으로 이어짐

※ 답안지는 컴퓨터로 처리되므로 구기거나 더럽히지 마시고, 정답 칸 안에만 쓰십시오. 글씨가 채점란으로 들어오면 오답처리가 됩니다.

제   회 전국한자능력검정시험 5급 답안지(2)

번호	정답	1검	2검	번호	정답	1검	2검	번호	정답	1검	2검
49				67				85			
50				68				86			
51				69				87			
52				70				88			
53				71				89			
54				72				90			
55				73				91			
56				74				92			
57				75				93			
58				76				94			
59				77				95			
60				78				96			
61				79				97			
62				80				98			
63				81				99			
64				82				100			
65				83							
66				84							

각 칸의 상단에는 "답안란", "채점란"이 반복 표기됨.

01 다음 漢字語의 讀音을 쓰세요. (1~35)

1 처음 사들일 때의 값을 原價라고 합니다. [　　]

2 병원에서 患者를 잘 돌봅니다. [　　]

3 이번 태풍으로 농작물의 冷害가 매우 큽니다. [　　]

4 이번 시합에서 우리가 勝利하였습니다. [　　]

5 過去의 잘못을 뉘우치고 있습니다. [　　]

6 여러 번의 失敗 후에 성공을 거두었습니다. [　　]

7 불장난으로 火災가 났습니다. [　　]

8 이것이 最近에 찍은 사진입니다. [　　]

9 설악산의 景觀이 대단히 아름답습니다. [　　]

10 어려운 일이 있을 때 선생님과 相談을 합니다. [　　]

11 교과서는 공부할 때 꼭 必要합니다. [　　]

12 자기의 일은 스스로 責任을 집니다. [　　]

13 악단이 아름다운 曲調를 연주합니다. [　　]

14 깊은 思考 후에 큰 발명을 하게 되었습니다. [　　]

15 스스로 獨立하여 크게 성공하였습니다. [　　]

16 나는 野球를 좋아합니다. [　　]

17 아저씨가 案內를 하고 있습니다. [　　]

18 공원에 여러 種類의 꽃이 피었습니다. [　　]

19 청소년들에게는 勇氣가 곧 무기입니다. [　　]

20 형님이 곧 온다는 通知를 하였습니다. [　　]

21 소는 性質이 온순합니다. [　　]

22 직장에서 일을 하고 月給을 탑니다. [　　]

23 한국에 태어난 것이 큰 祝福입니다. [　　]

24 하루는 晝夜로 나뉩니다. [　　]

25 이곳은 꼭 許可를 받아야 출입할 수 있습니다. [　　]

26 이순신 장군은 위대한 英雄입니다. [　　]

27 말과 행동은 親切해야 합니다. [　　]

28 계속 노력해야 좋은 結果가 옵니다. [　　]

29 아침에 일어나서 窓門을 엽니다. [　　]

30 큰 성공은 決心과 노력 끝에 옵니다. [　　]

31 끊임없이 공부해야 學識이 높아집니다. [　　]

32 曜日별로 계획을 세워 생활을 합니다. [　　]

33 부지런히 일해야 財産이 모입니다. [　　]

34 나이를 높임말로 年歲라고 합니다. [　　]

35 가을은 落葉이 지는 계절입니다. [　　]

02 다음 漢字의 訓과 音을 쓰세요. (36~58)

36 效 [　　] 37 終 [　　]

38 鐵 [　　] 39 唱 [　　]

40 操 [　　] 41 偉 [　　]

42 願 [　　] 43 卓 [　　]

44 歷 [　　] 45 都 [　　]

46 橋 [　　] 47 勞 [　　]

48 望 [　　] 49 領 [　　]

50 賣 [　　] 51 熱 [　　]

52 廣 [　　] 53 序 [　　]

54 料 [　　] 55 善 [　　]

56 貯 [　　] 57 湖 [　　]

58 實 [　　]

03 다음 밑줄 친 漢字語를 漢字로 쓰세요. (59~73)

59 형과 아우를 형제라고 합니다. [　　]

60 물건 값을 계산합니다. [　　]

61 세계는 넓고 할 일도 많습니다. [　　]

62 이 마을은 농촌입니다. [　　]

63 형님은 해군입니다. [　　]

64 오늘은 시민 체육대회 날입니다. [　　]

65 산에 초목이 우거졌습니다. [　　]

66 오후에 동화책을 읽었습니다. [　　]

67 편지 봉투에 주소를 적습니다. [　　]

68 시골의 산천이 아름답습니다. [　　]

69 석유는 지하에 묻혀 있습니다. [　　]

70 아침에 일어나 <u>신문</u>을 봅니다. [　　　]

71 비행기가 <u>공중</u>에 떴습니다. [　　　]

72 개교기념일에 <u>교기</u>를 게양합니다. [　　　]

73 <u>시간</u>을 잘 지켜야 문화인입니다. [　　　]

04 다음 訓과 音에 맞는 漢字를 쓰세요. (74~78)

74 아침 조 [　　　]   **75** 마실 음 [　　　]

76 업 업 [　　　]   **77** 맑을 청 [　　　]

78 가을 추 [　　　]

05 다음 한자와 뜻이 相對 또는 反對되는 漢字語를 漢字로 쓰세요. (79~81)

79 輕 ↔ (　　)   **80** 多 ↔ (　　)

81 死 ↔ (　　)

06 다음 (　) 안에 들어갈 <u>가장 잘 어울리는</u> 漢字語를 〈보기〉에서 찾아 그 번호를 써서 漢字語를 완성 하세요. (82~85)

보기	① 馬耳	② 不變	③ 約束	④ 愛人
	⑤ 禮道	⑥ 一致	⑦ 敎養	⑧ 開發

82 敬天(　　) : 하늘을 공경하고 사람을 사랑함.

83 萬古(　　) : 오랜 세월 동안 변하지 않음.

84 言行(　　) : 말과 행동이 똑같음.

85 技術(　　) : 기술을 살리어 발달케 함.

07 다음 漢字와 뜻이 <u>같거나 뜻이 비슷한</u> 漢字를 〈보기〉에서 찾아 그 번호를 쓰세요. (86~88)

보기	① 河	② 着	③ 筆	④ 語
	⑤ 省	⑥ 速		

86 急 [　　　]   **87** 言 [　　　]

88 到 [　　　]

08 다음 漢字와 음은 같은데 뜻이 다른 漢字를 〈보기〉에서 <u>두 개씩</u> 찾아 그 번호를 쓰세요. (89~91)

보기	① 傳	② 擧	③ 建	④ 選
	⑤ 件	⑥ 典	⑦ 情	⑧ 說
	⑨ 鮮	⑩ 關	⑪ 賞	⑫ 停

89 健 [　　　]   **90** 船 [　　　]

91 展 [　　　]

09 다음 뜻풀이에 맞는 漢字語를 〈보기〉에서 찾아 그 번호를 쓰세요. (92~94)

보기	① 規則	② 奉仕	③ 待罪	④ 特別
	⑤ 改良	⑥ 練習	⑦ 成功	⑧ 競爭
	⑨ 順化			

92 고치어 좋게 함. [　　　]

93 죄 지은 사람이 처벌을 기다림. [　　　]

94 서로 이기려고 다툼. [　　　]

10 다음 漢字의 약자(획수를 줄인 漢字)를 쓰세요. (95~97)

95 體 [　　　]   **96** 醫 [　　　]

97 號 [　　　]

11 다음 漢字에서 ㉠획은 몇 번째 쓰는지 〈보기〉에서 찾아 그 번호를 쓰세요. (98~100)

보기	① 첫 번째	② 두 번째
	③ 세 번째	④ 네 번째
	⑤ 다섯 번째	⑥ 여섯 번째
	⑦ 일곱 번째	⑧ 여덟 번째
	⑨ 아홉 번째	

98 交 [　　]   **99** 永 [　　]

100 母 [　　]

수험번호 ☐☐☐-☐☐-☐☐☐☐   **성명** ☐☐☐☐☐

생년월일 ☐☐☐☐☐☐

※ 유성 싸인펜, 붉은색 필기구 사용 불가.

※ 답안지는 컴퓨터로 처리되므로 구기거나 더럽히지 마시고, 정답 칸 안에만 쓰십시오. 글씨가 채점란으로 들어오면 오답처리가 됩니다.

제　　회 전국한자능력검정시험 5급 답안지(1)　　(시험시간 50분)

번호	정답	1검	2검	번호	정답	1검	2검	번호	정답	1검	2검
	답 안 란	채점란			답 안 란	채점란			답 안 란	채점란	
1				17				33			
2				18				34			
3				19				35			
4				20				36			
5				21				37			
6				22				38			
7				23				39			
8				24				40			
9				25				41			
10				26				42			
11				27				43			
12				28				44			
13				29				45			
14				30				46			
15				31				47			
16				32				48			

	감독위원	채점위원(1)		채점위원(2)		채점위원(3)	
	(서명)	(득점)	(서명)	(득점)	(서명)	(득점)	(서명)

※ 뒷면으로 이어짐

※ 답안지는 컴퓨터로 처리되므로 구기거나 더럽히지 마시고, 정답 칸 안에만 쓰십시오. 글씨가 채점란으로 들어오면 오답처리가 됩니다.

제   회 전국한자능력검정시험 5급 답안지(2)

번호	정답	1검	2검	번호	정답	1검	2검	번호	정답	1검	2검
49				67				85			
50				68				86			
51				69				87			
52				70				88			
53				71				89			
54				72				90			
55				73				91			
56				74				92			
57				75				93			
58				76				94			
59				77				95			
60				78				96			
61				79				97			
62				80				98			
63				81				99			
64				82				100			
65				83							
66				84							

01 다음 漢字語의 讀音을 쓰세요. (1~35)

1 기차가 곧 到着합니다. [　　　]

2 이 바위에는 아름다운 傳說이 서려 있습니다.
[　　　]

3 성심껏 노력하니 結果도 좋습니다. [　　　]

4 국회의원은 選擧로 뽑습니다. [　　　]

5 이 물건의 品質이 매우 좋습니다. [　　　]

6 최선을 다해야 最高가 될 수 있습니다. [　　　]

7 오늘은 날씨의 變化가 심합니다. [　　　]

8 우리나라는 産業이 발달한 나라입니다. [　　　]

9 이것은 내가 考案한 발명품입니다. [　　　]

10 古鐵을 녹여 신제품을 만듭니다. [　　　]

11 옷의 種類가 참 많습니다. [　　　]

12 운전할 때 停止 신호를 꼭 지켜야 합니다.
[　　　]

13 언행이 親切해야 친구가 많습니다. [　　　]

14 나는 童話책을 즐겨 읽습니다. [　　　]

15 공부에 必要한 용품을 샀습니다. [　　　]

16 나는 英雄들의 이야기를 좋아합니다. [　　　]

17 여기는 養魚하는 연못입니다. [　　　]

18 우리는 위대한 民族입니다. [　　　]

19 이것은 내가 特許를 낸 기계입니다. [　　　]

20 땅 속 깊은 데서 石油가 납니다. [　　　]

21 내 性格은 너무 조급한 게 단점입니다. [　　　]

22 아침에 新鮮한 공기를 마십니다. [　　　]

23 드디어 우리의 宿願이 이루어졌습니다. [　　　]

24 배우가 實感나게 연기를 합니다. [　　　]

25 저 분은 德望이 높은 분입니다. [　　　]

26 사건의 원인을 샅샅이 調査하였습니다. [　　　]

27 이웃에 病院이 있어서 매우 편리합니다.
[　　　]

28 나는 매일 맨손 體操를 두 번 합니다. [　　　]

29 공사를 할 때 여러 가지 道具가 쓰입니다.
[　　　]

30 이번 모임에서 내가 獨唱을 하였습니다. [　　　]

31 이것은 매우 有效한 기계입니다. [　　　]

32 사건의 原因을 알아야 문제가 풀립니다. [　　　]

33 잘못된 部分을 수리하였습니다. [　　　]

34 동생과 같이 幸福한 하루를 보냈습니다.
[　　　]

35 내 過去의 잘못을 뉘우칩니다. [　　　]

02 다음 漢字의 訓과 音을 쓰세요. (36~58)

36 競 [　　　] 　　37 勞 [　　　]

38 善 [　　　] 　　39 景 [　　　]

40 曜 [　　　] 　　41 罪 [　　　]

42 朗 [　　　] 　　43 規 [　　　]

44 改 [　　　] 　　45 貯 [　　　]

46 角 [　　　] 　　47 觀 [　　　]

48 舊 [　　　] 　　49 偉 [　　　]

50 葉 [　　　] 　　51 展 [　　　]

52 廣 [　　　] 　　53 島 [　　　]

54 筆 [　　　] 　　55 患 [　　　]

56 奉 [　　　] 　　57 洗 [　　　]

58 曲 [　　　]

03 다음 밑줄 친 漢字語를 漢字로 쓰세요. (59~73)

59 이 일을 매월 되풀이 합니다. [　　　]

60 형은 늘 등산을 합니다. [　　　]

61 저 청년은 육상선수입니다. [　　　]

62 기윤이는 착한 효자입니다. [　　　]

63 우리 교실은 늘 깨끗합니다. [　　　]

64 모든 생명은 소중합니다. [　　　]

65 도로 좌우를 살피며 걸어갑니다. [　　　]

66 노력 끝에 성공을 거두었습니다. [　　　]

67 넓은 평야가 보입니다. [　　　]

68 이 계산 문제는 퍽 어렵습니다. [　　　]

69 곧 급행열차가 도착합니다. [　　　]

70 즐거운 추석이 기다려집니다. [　　　]

71 춥지만 야외 활동을 합니다.　　　[　　]

72 마음이 정직해야 행복합니다.　　[　　]

73 아침에 창문을 열고 청소를 합니다. [　　]

04 다음 訓과 音에 맞는 漢字를 쓰세요. (74~78)

74 이길 승 [　　　]　75 나무 수 [　　　]

76 모을 집 [　　　]　77 짧을 단 [　　　]

78 따뜻할 온 [　　　]

05 다음 漢字와 뜻이 相對 또는 反對되는 漢字를 쓰세요. (79~81)

79 客 ↔ (　　)　　　80 遠 ↔ (　　)

81 輕 ↔ (　　)

06 다음 (　)에 들어갈 가장 잘 어울리는 漢字語를 〈보기〉에서 찾아 그 번호를 써서 漢字語를 완성하세요. (82~85)

| 보기 | ① 禮節 | ② 先頭 | ③ 落木 | ④ 順序 |
| | ⑤ 兄愛 | ⑥ 無線 | ⑦ 責任 | ⑧ 法則 |

82 (　)(　)打者 : 야구에서 제일 먼저 치는 사람.

83 (　)(　)通信 : 전선없이 이용하는 통신.

84 (　)(　)寒天 : 나뭇잎이 다 떨어진 춥고 쓸쓸한 풍경.

85 (　)(　)弟敬 : 형은 동생을 사랑하고 동생은 형을 공경함.

07 다음 漢字와 뜻이 같거나 뜻이 비슷한 漢字를 〈보기〉에서 찾아 그 번호를 쓰세요. (86~88)

| 보기 | ① 言 | ② 財 | ③ 再 | ④ 充 |
| | ⑤ 識 | ⑥ 術 | | |

86 技 [　　　]　　　87 談 [　　　]

88 知 [　　　]

08 다음 漢字와 음은 같은데 뜻이 다른 漢字를 〈보기〉에서 두 개씩 찾아 그 번호를 쓰세요. (89~91)

보기	① 相	② 固	③ 救	④ 藥
	⑤ 關	⑥ 加	⑦ 億	⑧ 熱
	⑨ 弱	⑩ 惡	⑪ 可	⑫ 商

89 價 [　　　]　　　90 賞 [　　　]

91 約 [　　　]

09 다음 뜻풀이에 맞는 漢字語를 〈보기〉에서 찾아 그 번호를 쓰세요. (92~94)

보기	① 賣場	② 士氣	③ 史記	④ 事記
	⑤ 工害	⑥ 綠地	⑦ 公害	⑧ 強害
	⑨ 買場			

92 여러 사람에게 해로움.　　　　　[　　]

93 역사적 사실을 적은 책.　　　　　[　　]

94 물건을 파는 곳.　　　　　　　　[　　]

10 다음 漢字의 약자(획수를 줄인 漢字)를 쓰세요. (95~97)

95 醫 [　　　]　　　96 世 [　　　]

97 圖 [　　　]

11 다음 漢字의 짙게 표시한 획은 몇 번째 쓰는 획인지 〈보기〉에서 골라 그 번호로 쓰세요. (88~90)

보기	① 첫 번째	② 두 번째
	③ 세 번째	④ 네 번째
	⑤ 다섯 번째	⑥ 여섯 번째
	⑦ 일곱 번째	⑧ 여덟 번째
	⑨ 아홉 번째	⑩ 열 번째

98　　　　　　　　99

費 [　　]　火 [　　]

100

用 [　　]

수험번호 □□□－□□－□□□□　　　　**성명** □□□□□

생년월일 □□□□□□

※ 유성 싸인펜, 붉은색 필기구 사용 불가.

※ 답안지는 컴퓨터로 처리되므로 구기거나 더럽히지 마시고, 정답 칸 안에만 쓰십시오. 글씨가 채점란으로 들어오면 오답처리가 됩니다.

제　회 전국한자능력검정시험 5급 답안지(1)　(시험시간 50분)

번호	정답	1검	2검	번호	정답	1검	2검	번호	정답	1검	2검
	답 안 란	채점란			답 안 란	채점란			답 안 란	채점란	
1				17				33			
2				18				34			
3				19				35			
4				20				36			
5				21				37			
6				22				38			
7				23				39			
8				24				40			
9				25				41			
10				26				42			
11				27				43			
12				28				44			
13				29				45			
14				30				46			
15				31				47			
16				32				48			

	감독위원	채점위원(1)		채점위원(2)		채점위원(3)	
	(서명)	(득점)	(서명)	(득점)	(서명)	(득점)	(서명)

※ 뒷면으로 이어짐

※ 답안지는 컴퓨터로 처리되므로 구기거나 더럽히지 마시고, 정답 칸 안에만 쓰십시오. 글씨가 채점란으로 들어오면 오답처리가 됩니다.

제 회 전국한자능력검정시험 5급 답안지(2)

답 안 란		채점란		답 안 란		채점란		답 안 란		채점란	
번호	정답	1검	2검	번호	정답	1검	2검	번호	정답	1검	2검
49				67				85			
50				68				86			
51				69				87			
52				70				88			
53				71				89			
54				72				90			
55				73				91			
56				74				92			
57				75				93			
58				76				94			
59				77				95			
60				78				96			
61				79				97			
62				80				98			
63				81				99			
64				82				100			
65				83							
66				84							

01 다음 漢字語의 讀音을 쓰세요. (1~35)

1 용돈을 <u>節約</u>하여 저금을 합니다. [　　　]

2 여러 번의 <u>失敗</u> 끝에 성공을 하였습니다.
[　　　]

3 복습한 <u>效果</u>가 있어 시험을 잘 보았습니다.
[　　　]

4 내 동생은 <u>性質</u>이 온순합니다. [　　　]

5 꾸준히 노력해야 <u>技術</u>을 익힙니다. [　　　]

6 설악산의 <u>景致</u>는 매우 아름답습니다.[　　　]

7 낮과 밤을 <u>晝夜</u>라고 합니다. [　　　]

8 농작물의 <u>物價</u>가 많이 내렸습니다. [　　　]

9 연말에 대통령 <u>選擧</u>가 있습니다. [　　　]

10 인간은 서로 <u>競爭</u>하며 살아갑니다. [　　　]

11 우리나라는 눈부신 <u>發展</u>을 하고 있습니다.
[　　　]

12 큰 <u>事件</u>도 아닌데 너무 시끄럽습니다. [　　　]

13 내 일은 내가 <u>責任</u>을 지겠습니다. [　　　]

14 어머니가 <u>改良</u> 한복을 입었습니다. [　　　]

15 공책의 <u>種類</u>가 여러 가지입니다. [　　　]

16 영수의 작품이 <u>特別</u>히 뛰어납니다. [　　　]

17 형님이 축구 <u>練習</u>을 많이 합니다. [　　　]

18 이 마을은 <u>漁業</u>으로 성공하였습니다. [　　　]

19 책은 공부에 꼭 <u>必要</u>합니다. [　　　]

20 기준이는 나의 좋은 <u>親舊</u>입니다. [　　　]

21 기다리던 편지가 <u>到着</u>하였습니다. [　　　]

22 동창회에 모두 <u>參席</u>하였습니다. [　　　]

23 빨간 신호는 <u>停止</u> 신호입니다. [　　　]

24 독서를 통해 <u>知識</u>을 얻습니다. [　　　]

25 이번 서리에 농작물이 <u>寒害</u>를 입었습니다.
[　　　]

26 오후에 외출 <u>許可</u>를 받았습니다. [　　　]

27 대화를 할 때는 <u>感情</u>을 가라앉혀야 합니다.
[　　　]

28 우리는 <u>祝福</u> 받은 자연을 가진 나라입니다.
[　　　]

29 모든 일에 <u>最善</u>을 다 해야 합니다. [　　　]

30 <u>過去</u>의 잘못을 되풀이하면 안 됩니다. [　　　]

31 바닥에 큰 <u>鐵板</u>이 깔려있습니다. [　　　]

32 열심히 일 하면 좋은 <u>結末</u>이 옵니다. [　　　]

33 나는 일요일마다 <u>奉仕</u> 활동을 합니다. [　　　]

34 다시 한번 꼭 뵙기를 <u>熱望</u>합니다. [　　　]

35 좋은 <u>原因</u>이 좋은 결과를 낳습니다. [　　　]

02 다음 漢字의 訓과 音을 쓰세요. (36~58)

36 獨 [　　　]　　37 德 [　　　]

38 湖 [　　　]　　39 序 [　　　]

40 終 [　　　]　　41 偉 [　　　]

42 曜 [　　　]　　43 實 [　　　]

44 屋 [　　　]　　45 量 [　　　]

46 都 [　　　]　　47 綠 [　　　]

48 族 [　　　]　　49 勝 [　　　]

50 罪 [　　　]　　51 炭 [　　　]

52 仙 [　　　]　　53 朗 [　　　]

54 救 [　　　]　　55 觀 [　　　]

56 患 [　　　]　　57 英 [　　　]

58 昨 [　　　]

03 다음 밑줄 친 漢字語를 漢字로 쓰세요. (59~73)

59 기념식에 <u>남녀노소</u> 모두 나왔습니다. [　　　]

60 실외 <u>활동</u>을 많이 해야 튼튼해집니다. [　　　]

61 길이 <u>동서</u>로 길게 뻗어 있습니다. [　　　]

62 나는 매일 일곱 시에 일어납니다. [　　　]

63 <u>추석</u> 달은 유난히 밝습니다. [　　　]

64 화단에 <u>화초</u>를 많이 심었습니다. [　　　]

65 바다 속에 <u>해양</u> 식물이 많이 있습니다. [　　　]

66 차도를 건널 때는 <u>좌우</u>를 살펴야 합니다.
[　　　]

67 <u>부모</u>님의 은혜는 하늘과 같습니다. [　　　]

68 생물의 <u>생명</u>은 모두 소중합니다. [　　　]

69 추석에 <u>조상</u>님께 제사를 지냈습니다. [   ]

70 <u>산촌</u>의 공기는 매우 맑습니다. [   ]

71 봄에는 산에 <u>식목</u>을 합니다. [   ]

72 우리 <u>형제</u>는 의좋게 지냅니다. [   ]

73 교실을 <u>출입</u>할 때 뛰면 안 됩니다. [   ]

04 다음 訓과 音에 맞는 漢字를 쓰세요. (74~78)

74 지경 계 [   ]   **75** 아침 조 [   ]

76 머리 두 [   ]   **77** 떼 부 [   ]

78 다행 행 [   ]

05 다음 한자와 뜻이 相對 또는 反對되는 한자를 쓰세요. (79~81)

79 心 ↔ (   )   **80** 少 ↔ (   )

81 長 ↔ (   )

06 다음 (   )에 들어 갈 가장 적절한 漢字語를 〈보기〉에서 찾아 그 번호를 써서 漢字語를 만드세요. (82~85)

보기	① 正大 ② 遠近 ③ 當局 ④ 愛人
	⑤ 無言 ⑥ 宿願 ⑦ 不變 ⑧ 談話

82 萬古(   ) : 오래도록 변한지 않음.

83 敬天(   ) : 하늘을 공경하고 사람을 사랑함.

84 公明(   ) : 마음이 밝고 사사로움이 없음.

85 有口(   ) : 입은 있으나 할 말이 없음.

07 다음 漢字와 뜻이 <u>같거나 비슷한</u> 漢字를 〈보기〉에서 찾아 그 번호를 쓰세요. (86~88)

보기	① 初 ② 位 ③ 比 ④ 考
	⑤ 則 ⑥ 課

86 規 [   ]   **87** 思 [   ]

88 始 [   ]

08 다음 漢字와 음은 같은데 뜻이 다른 漢字를 〈보기〉에서 <u>두 개씩</u> 찾아 그 번호를 쓰세요. (89~91)

보기	① 電 ② 災 ③ 賞 ④ 査
	⑤ 歲 ⑥ 産 ⑦ 洗 ⑧ 束
	⑨ 鮮 ⑩ 相 ⑪ 財 ⑫ 寫

89 再 : (   ), (   )   **90** 史 : (   ), (   )

91 商 : (   ), (   )

09 다음 뜻풀이에 맞는 漢字語를 〈보기〉에서 찾아 그 번호를 쓰세요. (92~94)

보기	① 表決 ② 消費 ③ 交通 ④ 完成
	⑤ 敎育 ⑥ 用度 ⑦ 傳說 ⑧ 體操
	⑨ 打開

92 써서 없앰. [   ]

93 가르쳐서 길러 냄. [   ]

94 전해 오는 이야기. [   ]

10 다음 漢字의 약자(획수를 줄인 漢字)를 쓰세요. (95~97)

95 氣 [   ]   **96** 圖 [   ]

97 醫 [   ]

11 다음 漢字에서 진하게 표시한 획은 몇 번째 쓰는지 〈보기〉에서 찾아 그 번호를 쓰세요. (98~100)

보기	① 첫 번째 ② 두 번째
	③ 세 번째 ④ 네 번째
	⑤ 다섯 번째 ⑥ 여섯 번째
	⑦ 일곱 번째 ⑧ 여덟 번째
	⑨ 아홉 번째

98 式 [   ]   **99** 市 [   ]

100 才 [   ]

수험번호 □□□-□□-□□□□   **성명** □□□□□

생년월일 □□□□□□

※ 유성 싸인펜, 붉은색 필기구 사용 불가.

※ 답안지는 컴퓨터로 처리되므로 구기거나 더럽히지 마시고, 정답 칸 안에만 쓰십시오. 글씨가 채점란으로 들어오면 오답처리가 됩니다.

제   회 전국한자능력검정시험 5급 답안지(1)   (시험시간 50분)

번호	정답	1검	2검	번호	정답	1검	2검	번호	정답	1검	2검
1				17				33			
2				18				34			
3				19				35			
4				20				36			
5				21				37			
6				22				38			
7				23				39			
8				24				40			
9				25				41			
10				26				42			
11				27				43			
12				28				44			
13				29				45			
14				30				46			
15				31				47			
16				32				48			

	감독위원	채점위원(1)		채점위원(2)		채점위원(3)	
	(서명)	(득점)	(서명)	(득점)	(서명)	(득점)	(서명)

※ 뒷면으로 이어짐

※ 답안지는 컴퓨터로 처리되므로 구기거나 더럽히지 마시고, 정답 칸 안에만 쓰십시오. 글씨가 채점란으로 들어오면 오답처리가 됩니다.

제   회 전국한자능력검정시험 5급 답안지(2)

번호	정답	1검	2검	번호	정답	1검	2검	번호	정답	1검	2검
49				67				85			
50				68				86			
51				69				87			
52				70				88			
53				71				89			
54				72				90			
55				73				91			
56				74				92			
57				75				93			
58				76				94			
59				77				95			
60				78				96			
61				79				97			
62				80				98			
63				81				99			
64				82				100			
65				83							
66				84							

01 다음 漢字語의 讀音을 쓰세요. (1~35)

1 이것은 내가 만든 最初의 작품입니다. [   ]

2 내 過去를 뉘우치고 열심히 일 합니다. [   ]

3 상품은 品質이 좋아야 잘 팔립니다. [   ]

4 서로 앞서가려고 競爭을 합니다. [   ]

5 폐품을 效果적으로 이용합니다. [   ]

6 이번 대회에서 내가 特別상을 받았습니다.

[   ]

7 공부할 때 꼭 必要한 것은 책 입니다. [   ]

8 이번 사고의 原因은 과속입니다. [   ]

9 허리를 굽혀 敬禮를 합니다. [   ]

10 모두가 團結하여 큰일을 했습니다. [   ]

11 상품 광고가 畫面에 떴습니다. [   ]

12 이곳의 景致는 매우 아름답습니다. [   ]

13 오늘 날씨는 淸明합니다. [   ]

14 문방구에 여러 種類의 학용품이 있습니다.

[   ]

15 버스가 지금 막 到着하였습니다. [   ]

16 매일 아침 運動을 합니다. [   ]

17 오늘은 반장 選擧가 있는 날입니다. [   ]

18 토요일 오후에 奉仕 활동을 합니다. [   ]

19 여기는 都買시장입니다. [   ]

20 내 동생은 性格이 온순합니다. [   ]

21 이웃에 큰 病院이 있습니다. [   ]

22 모두 일어서서 교가를 合唱합니다. [   ]

23 바닷가에 큰 漁村이 있습니다. [   ]

24 여기는 기능공을 養成하는 곳입니다. [   ]

25 해양 知識이 있어야 항해를 합니다. [   ]

26 아침에 일어나 窓門을 엽니다. [   ]

27 차도는 늘 注意하여 건넙니다. [   ]

28 용돈을 節約하여 저금을 합니다. [   ]

29 경보를 울리며 救急차가 달립니다. [   ]

30 그는 技術을 익혀 크게 성공 하였습니다.

[   ]

31 눈보라가 廣野를 휘몰아칩니다. [   ]

32 단체생활에서 規則은 곧 생명입니다. [   ]

33 많은 失敗 끝에 성공하였습니다. [   ]

34 제 責任을 다 할 때 사회가 발전합니다. [   ]

35 그는 매우 善良한 사람입니다. [   ]

02 다음 漢字의 訓과 音을 쓰세요. (36~58)

36 寒 [   ]   37 災 [   ]

38 歷 [   ]   39 練 [   ]

40 卓 [   ]   41 調 [   ]

42 當 [   ]   43 情 [   ]

44 旅 [   ]   45 量 [   ]

46 給 [   ]   47 曜 [   ]

48 朗 [   ]   49 鮮 [   ]

50 領 [   ]   51 貯 [   ]

52 許 [   ]   53 患 [   ]

54 輕 [   ]   55 改 [   ]

56 古 [   ]   57 根 [   ]

58 育 [   ]

03 다음 밑줄 친 漢字語를 漢字로 쓰세요. (59~73)

59 사람도 많지만 세계도 넓습니다. [   ]

60 하찮은 곤충의 생명도 소중합니다. [   ]

61 우리나라의 자연은 아름답습니다. [   ]

62 도시에는 주민이 많아 번화합니다. [   ]

63 우리학교는 남녀 공학입니다. [   ]

64 봄 가을을 춘추라고 합니다. [   ]

65 어른을 섬기는 행동을 효행이라고 합니다.

[   ]

66 식물은 제 자리에서 일생을 보냅니다. [   ]

67 나는 동화책 읽기를 좋아합니다. [   ]

68 공부에 열중하니 시간이 빨리 갑니다. [   ]

69 제 도리를 다 할 때 사회가 발전합니다.

[   ]

70 현대 사회는 급속도로 발전하고 있습니다.
[　　　]

71 철수는 용기 있는 어린이입니다. [　　　]

72 놀이터는 마을 동편에 있습니다. [　　　]

73 성명은 대개 한자로 짓습니다. [　　　]

04 다음 訓과 音에 맞는 漢字를 쓰세요. (74~78)

74 이길 승 [　　　]　**75** 사랑 애 [　　　]

76 따뜻할 온 [　　　]　**77** 살필 성 [　　　]

78 길 로 [　　　]

05 다음 한자와 뜻이 相對 또는 反對되는 한자를 쓰세요. (79~81)

79 夕 ↔ (　　)　　**80** 舊 ↔ (　　)

81 曲 ↔ (　　)

06 다음 (　)에 들어 갈 가장 적절한 漢字語를 〈보기〉에서 찾아 그 번호를 써서 漢字語를 만드세요. (82~85)

보기	① 變化　② 事業　③ 無用　④ 部分
	⑤ 入場　⑥ 共通　⑦ 水長　⑧ 獨立

82 千言(　) : 천 마디 말이 소용없음.

83 順序(　) : 차례대로 들어감.

84 山高(　) : 산이 높고 물(강)이 깊음.

85 宿願(　) : 오래전부터 하고 싶던 일.

07 다음 漢字와 뜻이 같거나 비슷한 漢字를 〈보기〉에서 찾아 그 번호를 쓰세요. (86~88)

보기	① 案　② 停　③ 偉　④ 終
	⑤ 板　⑥ 觀

86 止 [　　　]　　**87** 末 [　　　]

88 望 [　　　]

08 다음 漢字와 음은 같은데 뜻이 다른 漢字를 〈보기〉에서 두 개씩 찾아 그 번호를 쓰세요. (89~91)

보기	① 史　② 傳　③ 店　④ 考
	⑤ 公　⑥ 告　⑦ 査　⑧ 展
	⑨ 産　⑩ 赤　⑪ 倍　⑫ 的

89 固 : (　), (　)　**90** 寫 : (　), (　)

91 典 : (　), (　)

09 다음 뜻풀이에 맞는 漢字語를 〈보기〉에서 찾아 그 번호를 쓰세요. (92~94)

보기	① 開發　② 再建　③ 英雄　④ 待罪
	⑤ 材料　⑥ 多幸　⑦ 金利　⑧ 害惡
	⑨ 消費

92 빌린 돈에 붙는 이자. [　　　]

93 자원 따위를 인간 생활에 도움되게 함. [　　　]

94 처벌을 기다림. [　　　]

10 다음 漢字의 약자(획수를 줄인 漢字)를 쓰세요. (95~97)

95 數 [　　　]　　**96** 號 [　　　]

97 區 [　　　]

11 다음 漢字에서 진하게 표시한 획은 몇 번째 쓰는지 〈보기〉에서 찾아 그 번호를 쓰세요. (98~100)

보기	① 첫 번째　　② 두 번째
	③ 세 번째　　④ 네 번째
	⑤ 다섯 번째　⑥ 여섯 번째
	⑦ 일곱 번째　⑧ 여덟 번째
	⑨ 아홉 번째

98 石 [　　　]　　**99** 光 [　　　]

100 交 [　　　]

수험번호 □□□－□□－□□□□　　성명 □□□□□

생년월일 □□□□□□

※ 유성 싸인펜, 붉은색 필기구 사용 불가.

※ 답안지는 컴퓨터로 처리되므로 구기거나 더럽히지 마시고, 정답 칸 안에만 쓰십시오. 글씨가 채점란으로 들어오면 오답처리가 됩니다.

제　회 전국한자능력검정시험 5급 답안지(1)　(시험시간 50분)

번호	정답	1검	2검	번호	정답	1검	2검	번호	정답	1검	2검
	답 안 란	채점란			답 안 란	채점란			답 안 란	채점란	
1				17				33			
2				18				34			
3				19				35			
4				20				36			
5				21				37			
6				22				38			
7				23				39			
8				24				40			
9				25				41			
10				26				42			
11				27				43			
12				28				44			
13				29				45			
14				30				46			
15				31				47			
16				32				48			

	감독위원	채점위원(1)		채점위원(2)		채점위원(3)	
	(서명)	(득점)	(서명)	(득점)	(서명)	(득점)	(서명)

※ 뒷면으로 이어짐

※ 답안지는 컴퓨터로 처리되므로 구기거나 더럽히지 마시고, 정답 칸 안에만 쓰십시오. 글씨가 채점란으로 들어오면 오답처리가 됩니다.

제　　회 전국한자능력검정시험 5급 답안지(2)

번호	정답	1검	2검	번호	정답	1검	2검	번호	정답	1검	2검
49				67				85			
50				68				86			
51				69				87			
52				70				88			
53				71				89			
54				72				90			
55				73				91			
56				74				92			
57				75				93			
58				76				94			
59				77				95			
60				78				96			
61				79				97			
62				80				98			
63				81				99			
64				82				100			
65				83							
66				84							

답안란 *채점란* *답안란* *채점란* *답안란* *채점란*

한자능력검정시험 5급 예상문제 정답

【제1회】 예상문제(33p~34p)

1 탁구	2 경치	3 선거	4 철교
5 필승	6 순서	7 경례	8 재산
9 기술	10 성질	11 역사	12 축복
13 최초	14 경쟁	15 실패	16 특허
17 절약	18 변화	19 효과	20 법칙
21 과로	22 참석	23 재건	24 건아
25 개량	26 원가	27 종류	28 조사
29 고안	30 덕담	31 빙판	32 가결
33 독창	34 유속	35 매매	36 구름 운
37 느낄 감	38 근심 환	39 씻을 세	40 법 전
41 창 창	42 기다릴 대	43 구원할 구	44 둥글 단
45 쌓을 저	46 잡을 조	47 넓을 광	48 거느릴 령
49 고울 선	50 머무를 정	51 푸를 록	52 법 규
53 밝을 랑	54 볼 관	55 재앙 재	56 호수 호
57 낮 주	58 소 우	59 空中	60 每年
61 農村	62 時間	63 校門	64 先生
65 手足	66 植木	67 靑天	68 花草
69 世上	70 行動	71 姓名	72 左右
73 成功	74 根	75 線	76 書
77 樹	78 雪	79 短	80 答
81 重	82 ②	83 ⑥	84 ④
85 ①	86 ②	87 ④	88 ⑥
89 ⑩, ⑫	90 ④, ⑧	91 ①, ③	92 ②
93 ⑨	94 ⑥	95 学	96 号
97 会	98 ⑤	99 ③	100 ④

【제3회】 예상문제(41p~42p)

1 국민	2 개시	3 재건	4 고대
5 최근	6 고안	7 종류	8 경치
9 광고	10 환자	11 필요	12 선거
13 과거	14 안타	15 재산	16 약속
17 설명	18 해양	19 승리	20 용기
21 특급	22 철교	23 기술	24 단결
25 관망	26 행복	27 규칙	28 경량
29 온도	30 운명	31 변화	32 통로
33 성질	34 야구	35 역사	36 호수 호
37 목욕할 욕	38 과녁 적	39 고울 선	40 흐를 류
41 마칠 종	42 잡을 조	43 알 식	44 원할 원
45 그칠 지	46 홀로 독	47 거느릴 령	48 잎 엽
49 밤 야	50 집 원	51 구원할 구	52 말씀 담
53 머무를 정	54 자리 위	55 큰 덕	56 본받을 효
57 붓 필	58 받들 봉	59 世界	60 先生
61 每月	62 平地	63 花草	64 日記
65 左右	66 校長	67 時間	68 男子
69 山中	70 自然	71 有名	72 敎育
73 童話	74 理	75 淸	76 昨
77 朝	78 雪	79 發	80 直
81 多	82 ⑥	83 ③	84 ①
85 ⑤	86 ⑥	87 ①	88 ④
89 ⑥, ⑪	90 ⑧, ⑨	91 ⑤, ⑦	92 ④
93 ⑧	94 ②	95 図	96 医
97 画	98 ⑤	99 ③	100 ②

【제2회】 예상문제(37p~38p)

1 가격	2 아동	3 경치	4 친구
5 규칙	6 순위	7 도착	8 낙서
9 여행	10 연습	11 재료	12 매점
13 재산	14 선거	15 설명	16 안내
17 절약	18 우애	19 운집	20 병원
21 요인	22 재해	23 전망	24 감정
25 종류	26 변질	27 과거	28 책임
29 최선	30 축가	31 충실	32 출타
33 탁구	34 구급	35 참가	36 줄 급
37 패할 패	38 둥글 단	39 신선 선	40 밝을 랑
41 조사할 사	42 쌓을 저	43 처음 초	44 호수 호
45 숯 탄	46 가벼울 경	47 귀할 귀	48 목욕할 욕
49 베낄 사	50 쓸 비	51 말 마	52 으뜸 원
53 전할 전	54 받들 봉	55 해 세	56 붓 필
57 허락할 허	58 귀 이	59 開放	60 合計
61 公式	62 交通	63 多幸	64 對面
65 讀者	66 路線	67 西海	68 成分
69 信用	70 每日	71 平和	72 登山
73 道理	74 向	75 野	76 待
77 速	78 近	79 始	80 死
81 今	82 ②	83 ⑤	84 ⑥
85 ④	86 ①	87 ⑥	88 ④
89 ③, ⑧	90 ⑤, ⑩	91 ②, ⑦	92 ⑦
93 ⑥	94 ⑤	95 発	96 礼
97 医	98 ⑨	99 ⑤	100 ⑧

【제4회】 예상문제(45p~47p)

1 기본	2 지적	3 철교	4 흑판
5 완결	6 경쟁	7 원고	8 경치
9 어민	10 성패	11 재고	12 도구
13 교통	14 주기	15 허가	16 창법
17 필요	18 격식	19 규칙	20 약속
21 품절	22 타순	23 신곡	24 참견
25 충당	26 최초	27 책임	28 탁구
29 병사	30 여객	31 빙하	32 수도
33 공시	34 조절	35 안건	36 수컷 웅
37 씻을 세	38 호수 호	39 숯 탄	40 더할 가
41 말 마	42 귀 이	43 가릴 선	44 흐를 류
45 큰 덕	46 쌓을 저	47 빌 축	48 본받을 효
49 길할 길	50 말씀 담	51 빛날 요	52 조사할 사
53 곱 배	54 굳셀 건	55 펼 전	56 다를 타
57 비 우	58 상줄 상	59 平等	60 集中
61 親近	62 始動	63 明白	64 童心
65 冬服	66 用度	67 太半	68 共感
69 理由	70 石油	71 米飮	72 發行
73 金言	74 光	75 待	76 洋
77 合	78 目	79 溫	80 古
81 功	82 ⑥	83 ④	84 ③
85 ①	86 ⑥	87 ②	88 ⑤
89 ②, ⑦	90 ③, ⑧	91 ④, ⑩	92 ④
93 ⑧	94 ③	95 対	96 区
97 号	98 ④	99 ⑤	100 ⑧

【제5회】 예상문제(50p~52p)

1 원인	2 가결	3 전쟁	4 규칙
5 경치	6 과속	7 죄악	8 과수
9 최선	10 경기	11 전시	12 실패
13 축복	14 선거	15 병원	16 식별
17 친절	18 경례	19 성격	20 특허
21 청명	22 전설	23 한랭	24 연습
25 순서	26 책임	27 철판	28 관망
29 재해	30 낙엽	31 광야	32 품질
33 종류	34 도착	35 통지	36 굳을 고
37 낳을 산	38 받들 봉	39 씻을 세	40 값 가
41 잡을 조	42 고기잡을 어	43 마칠 종	44 마실 음
45 굳셀 건	46 근심 환	47 지날 력	48 고칠 개
49 쌓을 저	50 고울 선	51 본받을 효	52 밝을 랑
53 기다릴 대	54 의원 의	55 가르칠 훈	56 원할 원
57 쓸 비	58 재물 재	59 少年	60 石油
61 新聞	62 草木	63 秋冬	64 便利
65 住民	66 場所	67 孝道	68 勇氣
69 教育	70 時計	71 休校	72 父母
73 平和	74 童	75 省	76 等
77 族	78 急	79 強	80 弟
81 朝	82 ⑦	83 ②	84 ⑤
85 ①	86 ④	87 ③	88 ①
89 ⑧, ⑪	90 ③, ⑥	91 ⑨, ⑫	92 ⑥
93 ①	94 ⑤	95 苦	96 国
97 読	98 ⑦	99 ④	100 ③

【제7회】 예상문제(59p~60p)

1 도착	2 전설	3 결과	4 선거
5 품질	6 최고	7 변화	8 산업
9 고안	10 고철	11 종류	12 정지
13 친절	14 동화	15 필요	16 영웅
17 양어	18 민족	19 특허	20 석유
21 성격	22 신선	23 숙원	24 실감
25 덕망	26 조사	27 병원	28 체조
29 도구	30 독창	31 유효	32 원인
33 부분	34 행복	35 과거	36 다툴 경
37 일할 로	38 착할 선	39 별 경	40 빛날 요
41 허물 죄	42 밝을 랑	43 법 규	44 고칠 개
45 쌓을 저	46 뿔 각	47 볼 관	48 예 구
49 클 위	50 잎 엽	51 펼 전	52 넓을 광
53 섬 도	54 붓 필	55 근심 환	56 받들 봉
57 씻을 세	58 굽을 곡	59 每月	60 登山
61 靑(青)年	62 孝子	63 教室	64 生命
65 左右	66 成功	67 平野	68 計算
69 急行	70 秋夕	71 活動	72 正直
73 窓門	74 勝	75 樹	76 集
77 短	78 溫	79 主	80 近
81 重	82 ②	83 ⑥	84 ③
85 ⑤	86 ⑥	87 ①	88 ⑤
89 ⑥, ⑪	90 ①, ⑫	91 ④, ⑨	92 ⑦
93 ③	94 ①	95 医	96 苦
97 図	98 ④	99 ③	100 ⑤

【제6회】 예상문제(55p~56p)

1 원가	2 환자	3 냉해	4 승리
5 과거	6 실패	7 화재	8 최근
9 경관	10 상담	11 필요	12 책임
13 곡조	14 사고	15 독립	16 야구
17 안내	18 종류	19 용기	20 통지
21 성질	22 월급	23 축복	24 주야
25 허가	26 영웅	27 친절	28 결과
29 창문	30 결심	31 학식	32 요일
33 재산	34 연세	35 낙엽	36 본받을 효
37 마칠 종	38 쇠 철	39 부를 창	40 잡을 조
41 클 위	42 바랄 원	43 높을 탁	44 지날 력
45 도읍 도	46 다리 교	47 일할 로	48 바랄 망
49 거느릴 령	50 팔 매	51 더울 열	52 넓을 광
53 차례 서	54 헤아릴 료	55 착할 선	56 쌓을 저
57 호수 호	58 열매 실	59 兄弟	60 計算
61 世界	62 農村	63 海軍	64 市民
65 草木	66 童話	67 住所	68 山川
69 石油	70 新聞	71 空中	72 校旗
73 時間	74 朝	75 飮	76 業
77 淸	78 秋	79 重	80 少
81 生	82 ④	83 ②	84 ⑥
85 ⑧	86 ⑥	87 ④	88 ②
89 ③, ⑤	90 ④, ⑨	91 ①, ⑥	92 ⑤
93 ③	94 ⑧	95 体	96 医
97 号	98 ⑤	99 ③	100 ⑤

【제8회】 예상문제(63p~64p)

1 절약	2 실패	3 효과	4 성질
5 기술	6 경치	7 주야	8 물가
9 선거	10 경쟁	11 발전	12 사건
13 책임	14 개량	15 종류	16 특별
17 연습	18 어업	19 필요	20 친구
21 도착	22 참석	23 정지	24 지식
25 한해	26 허가	27 감정	28 축복
29 최선	30 과거	31 철판	32 결말
33 봉사	34 열망	35 원인	36 홀로 독
37 큰 덕	38 호수 호	39 차례 서	40 마칠 종
41 클 위	42 빛날 요	43 열매 실	44 집 옥
45 헤아릴 량	46 도읍 도	47 푸를 록	48 겨레 족
49 이길 승	50 허물 죄	51 숯 탄	52 신선 선
53 밝을 랑	54 구원할 구	55 볼 관	56 근심 환
57 꽃부리 영	58 어제 작	59 男女	60 活動
61 東西	62 每日	63 秋夕	64 花草
65 海洋	66 左右	67 父母	68 生命
69 祖上	70 山村	71 植木	72 兄弟
73 出入	74 界	75 朝	76 頭
77 部	78 幸	79 身	80 多
81 短	82 ⑦	83 ④	84 ①
85 ⑤	86 ⑤	87 ④	88 ①
89 ②, ⑪	90 ④, ⑫	91 ③, ⑩	92 ②
93 ⑤	94 ⑦	95 気	96 図
97 医	98 ⑥	99 ⑤	100 ②

【제9회】 예상문제(67p~68p)

1 최초	2 과거	3 품질	4 경쟁
5 효과	6 특별	7 필요	8 원인
9 경례	10 단결	11 화면	12 경치
13 청명	14 종류	15 도착	16 운동
17 선거	18 봉사	19 도매	20 성격
21 병원	22 합창	23 어촌	24 양성
25 지식	26 창문	27 주의	28 절약
29 구급	30 기술	31 광야	32 규칙
33 실패	34 책임	35 선량	36 찰 한
37 재앙 재	38 지날 력	39 익힐 련	40 높을 탁
41 고를 조	42 마땅 당	43 뜻 정	44 나그네 려
45 헤아릴 량	46 줄 급	47 빛날 요	48 밝을 랑
49 고울 선	50 거느릴 령	51 쌓을 저	52 허락할 허
53 근심 환	54 가벼울 경	55 고칠 개	56 예 고
57 뿌리 근	58 기를 육	59 世界	60 生命
61 自然	62 住民	63 男女	64 春秋
65 孝行	66 植物	67 童話	68 時間
69 道理	70 現代	71 勇氣	72 東便
73 姓名	74 勝	75 愛	76 溫
77 省	78 路	79 朝	80 新
81 直	82 ③	83 ⑤	84 ⑦
85 ②	86 ②	87 ④	88 ⑥
89 ④, ⑥	90 ①, ⑦	91 ②, ⑧	92 ⑦
93 ①	94 ④	95 数	96 号
97 区	98 ②	99 ①	100 ⑤

한자능력검정시험

5급

기출문제 (98~105회)

➔ 본 기출문제는 수험생들의 기억에 의하여 재생된 문제입니다.

제98회
2022. 08. 27 시행
(社) 한국어문회 주관·한국한자능력검정회 시행
한자능력검정시험 **5급** 기출문제
문 항 수 : 100문항
합격문항 : 70문항
제한시간 : 50분

01 다음 밑줄 친 漢字語의 讀音을 쓰세요. (1~35)

○ 제목이나 내용을 보며 글쓴이가 글을 쓴 [1]目的을 생각해 보세요. 〈국어 6〉

○ '살신성인'은 몸을 바쳐 올바른 [2]道理를 이룬다는 뜻입니다.

○ [3]軍番도 없이 학도병으로 젊음을 바쳐 나라를 지킨 분들을 기억합니다.

○ 6.25 때 유엔 [4]參戰한 나라는 16개국이며, 의약·구호물자 지원국을 합하면 63개국이나 됩니다.

○ 고난을 당할지라도 진리 편에 서는 자는 반드시 [5]勝利합니다.

○ [6]失敗를 통해 교훈을 찾고, 같은 잘못을 반복하지 말아야 합니다.

○ 2차대전 후 원조받던 최빈국이 10대 무역국가, [7]科學 강국이 돼 원조하는 나라가 된 것은 한국이 유일하다.

○ 자유주의는 독재가 어렵지만 사회주의는 독재가 아니면 [8]具現할 수 없다.

○ 인생을 성실히 산다면 [9]結果에 [10]相關 없이 만족할 수 있습니다.

○ [11]幸福은 장소가 아니고 [12]方向으로 우리가 어떤 꿈을 바라보고 사느냐에 달려 있습니다.

○ [13]南北 통일은 언제 어떻게 다가올지 아무도 모르기에 평소 통일을 준비하고 역량을 기르는 것이 매우 [14]重要합니다.

○ [15]'熱心히 하겠다, [16]最善을 다한다.'와 같은 애매모호한 표현 대신 구체적 실천계획을 세워 지킵시다.

○ 백제의 근초고왕은 남쪽 지역으로 [17]領土를 넓히고 고구려를 공격해 북쪽으로 진출했다. 그리고 주변 나라와 활발하게 [18]交流했다. 〈사회 5〉

○ [19]親舊에게 [20]自身의 고민을 말해보고 조언을 들었다. 〈국어 5〉

○ [21]午後 3시 이후의 [22]溫度는 어떻게 변할 것인지 예를 세 가지로 [23]說明하시오. 〈수학 3〉

○ 2003년 6월에 [24]完工된 이어도 종합 [25]海洋 [26]基地는 암초 위에 건설되었습니다. 〈사회과 부도 4〉

○ 국내 독자 [27]技術로 개발된 한국형 발사체 '누리호(KSLV-II)'가 6월 21일 2차 발사에 [28]成功하였다. 이로써 한국은 자력으로 1t 이상 실용 위성을 우주로 쏘아 올린 [29]世界 일곱 번째 국가가 되었다.

○ [30]火災의 [31]原因으로는 건조한 날씨에 [32]登山客이 버린 담배꽁초나 취사 행위, 주변 가옥의 누전 등이 제시되고 있습니다. 〈과학 6〉

○ 민주주의 사회에서는 [33]選擧에 참여해 투표할 수 있으며 [34]新聞이나 텔레비전을 통해 자신의 [35]意見을 직접 제시할 수 있다. 〈사회 6〉

1 [   ] 2 [   ]
3 [   ] 4 [   ]
5 [   ] 6 [   ]
7 [   ] 8 [   ]
9 [   ] 10 [   ]
11 [   ] 12 [   ]
13 [   ] 14 [   ]
15 [   ] 16 [   ]
17 [   ] 18 [   ]
19 [   ] 20 [   ]
21 [   ] 22 [   ]
23 [   ] 24 [   ]
25 [   ] 26 [   ]
27 [   ] 28 [   ]
29 [   ] 30 [   ]
31 [   ] 32 [   ]
33 [   ] 34 [   ]
35 [   ]

02 다음 漢字의 訓과 音을 쓰세요. (36~58)

36 打 [   ]　37 近 [   ]

38 安 [   ]　39 致 [   ]

40 無 [   ]　41 由 [   ]

42 初 [   ]　43 速 [   ]

44 者 [   ]　45 飮 [   ]

46 命 [   ]　47 筆 [   ]

48 野 [   ]　49 臣 [   ]

50 赤 [   ]　51 農 [   ]

52 黃 [   ]　53 鐵 [   ]

54 景 [   ]　55 左 [   ]

56 患 [   ]　57 示 [   ]

58 多 [   ]

03 다음 訓과 音을 가진 漢字를 쓰세요. (59~63)

59 모을 집　　　　　[   ]

60 급할 급　　　　　[   ]

61 겨울 동　　　　　[   ]

62 놓을 방　　　　　[   ]

63 쉴 휴　　　　　　[   ]

04 다음 漢字의 약자(略字: 획수를 줄인 漢字)를 쓰세요. (64~66)

64 醫 [   ]

65 禮 [   ]

66 體 [   ]

05 다음 漢字와 뜻이 반대(또는 상대)되는 漢字를 쓰세요. (67~69)

67 去 ↔ (   )

68 (   ) ↔ 末

69 (   ) ↔ 弟

06 다음 漢字와 뜻이 같거나 비슷한 漢字를 〈보기〉에서 찾아 그 번호를 쓰세요. (70~72)

보기	① 美　② 惡　③ 考　④ 汽 ⑤ 唱　⑥ 老　⑦ 規　⑧ 先

70 法 [   ]

71 思 [   ]

72 歌 [   ]

07 다음 제시한 漢字語와 뜻에 맞는 同音語를 〈보기〉에서 찾아 그 번호를 쓰세요. (73~75)

보기	① 死亡　② 植樹　③ 給水 ④ 大氣　⑤ 病死　⑥ 空中

73 兵士 – (   ) : 병으로 죽음.

74 食水 – (   ) : 나무를 심음.

75 待期 – (   ) : '공기'를 달리 이르는 말.

08 다음 뜻에 맞는 漢字語를 〈보기〉에서 찾아 그 번호를 쓰세요. (76~78)

보기	① 對話　② 責望　③ 格言 ④ 不信　⑤ 淸算　⑥ 所望 ⑦ 德談　⑧ 一消　⑨ 祝電

76 잘되기를 비는 말.　　　　　[   ]

77 잘못을 꾸짖거나 나무라며 못마땅하게 여김.

　　　　　　　　　　　　　　[   ]

78 서로 부채를 깨끗이 해결하거나 과거의 부정적 요소를 깨끗이 씻어 버림.　　[   ]

09 다음 뜻을 가진 성어가 되도록 ( ) 안에 들어갈 적절한 漢字語를 〈보기〉에서 찾아 그 번호를 쓰세요. (79~82)

| 보기 | ① 敬天 | ② 西答 | ③ 苦口 | ④ 夜間 |
| | ⑤ 口鼻 | ⑥ 馬耳 | ⑦ 靑天 | ⑧ 夕改 |

79 良藥( ) : 충언은 귀에 거슬리나 자신에게 이로움.

80 朝變( ) : 아침저녁으로 뜯어고친다는 뜻으로 일관성이 없이 자주 고침.

81 ( )東風 : 남의 말을 귀담아듣지 아니하고 지나쳐 흘려버림.

82 ( )愛人 : 하늘을 숭배하고 인간을 사랑함.

10 다음 문장의 밑줄 친 漢字語를 漢字로 쓰세요. (83~97)

○ 나를 되돌아보고 스스로 [83]반성해 봅시다. 〈도덕 5〉
○ [84]평화는 강력한 국방력으로 지켜지는 것입니다.
○ 우리는 [85]정직한 사람이 되기 위해 많은 노력을 합니다. 〈생활의 길잡이 4〉
○ 오늘의 [86]교육이 올바르게 되어야 나라의 미래가 밝습니다.
○ 전기문에는 인물의 삶과 [87]시대 상황이 나타납니다. 〈국어 읽기 5〉
○ [88]독서는 올바른 사람을 만들고, 필기는 정확한 사람을 만든다.
○ 문화가 다르면 서로의 [89]행동이나 생각이 다를 수 있습니다. 〈사회 3〉
○ 8월 초 [90]입추가 지나면 처서가 되어 날씨도 선선해집니다.
○ 남의 허락 없이 남의 개인 정보를 [91]사용하면 안 됩니다.
○ [92]선분으로만 둘러싸인 [93]도형을 다각형이라 합니다. 〈수학 4〉
○ [94]재외 동포에게 한국과 한국인은 곧 고향이며 [95]가족입니다. 〈생활의 길잡이 5〉
○ 모둠원이 [96]발표한 후, 모둠의 [97]공통된 의견을 정리합니다. 〈도덕 3〉

83 [ ]   84 [ ]
85 [ ]   86 [ ]
87 [ ]   88 [ ]
89 [ ]   90 [ ]
91 [ ]   92 [ ]
93 [ ]   94 [ ]
95 [ ]   96 [ ]
97 [ ]

11 다음 漢字에서 진하게 표시한 획은 몇 번째 쓰는지 〈보기〉에서 찾아 그 번호를 쓰세요. (98~100)

보기	① 첫 번째	② 두 번째
	③ 세 번째	④ 네 번째
	⑤ 다섯 번째	⑥ 여섯 번째
	⑦ 일곱 번째	⑧ 여덟 번째
	⑨ 아홉 번째	⑩ 열 번째
	⑪ 열한 번째	⑫ 열두 번째
	⑬ 열세 번째	⑭ 열네 번째

98 書 [ ]

99 遠 [ ]

100 雄 [ ]

제99회
2022. 11. 26 시행
(社) 한국어문회 주관 · 한국한자능력검정회 시행
한자능력검정시험 5급 기출문제
문 항 수 : 100문항
합격문항 : 70문항
제한시간 : 50분

01 다음 밑줄 친 漢字語의 讀音을 쓰세요. (1~35)

1 내 꿈은 전 세계의 바다를 누비는 <u>船長</u>이 되는 것이다. [   ]

2 할머니께서 마을 당산나무에 대한 <u>來歷</u>을 이야기해 주셨다. [   ]

3 바람이 불자 <u>落葉</u>이 오소소 떨어졌다. [   ]

4 영희는 천성이 <u>明朗</u>하고 구김이 없었다. [   ]

5 오랜 연구 끝에 그는 새로운 장치를 <u>考案</u>해냈다. [   ]

6 기상청은 당분간 서늘한 날씨가 계속될 것으로 <u>展望</u>했다. [   ]

7 대장경은 고려시대 <u>木板</u> 인쇄술을 발달시켰다. [   ]

8 동해 <u>漁場</u>에서는 오징어가 많이 잡힌다. [   ]

9 용감한 소방대원들이 화염을 뚫고 인명을 <u>救出</u>하였다. [   ]

10 인공위성이 보내온 신호가 <u>着信</u>되었다. [   ]

11 회장은 회의에 참석하는 그에게 모든 권한을 <u>一任</u>했다. [   ]

12 이 기차는 간이역에서는 <u>停車</u>하지 않는다. [   ]

13 이번 일은 다수결 <u>原則</u>으로 결정하였다. [   ]

14 누가 뭐라고 해도 <u>獨島</u>는 엄연한 우리의 영토이다. [   ]

15 최근 우리 마을에 이상한 <u>事件</u>들이 일어나고 있다. [   ]

16 맥아더 장군은 연합군을 인천으로 <u>上陸</u>시켰다. [   ]

17 식물의 잎은 광합성 작용으로 <u>綠末</u>을 만든다. [   ]

18 서쪽 해변에는 많은 <u>休養</u> 시설들이 밀집해 있다. [   ]

19 국회의원의 숫자는 인구의 수에 <u>比例</u>해서 할당된다. [   ]

20 깊은 <u>思念</u>에 잠긴 듯 노인은 한없이 노을만 바라보았다. [   ]

21 그 음반은 <u>發賣</u>하기 시작한 지 한 시간도 안돼 다 팔렸다. [   ]

22 우리 <u>說話</u>에는 알에서 태어난 영웅들이 자주 등장한다. [   ]

23 이번 마당극은 풍자와 해학이 뛰어난 <u>作品</u>이었다. [   ]

24 같은 일을 반복하다 보니 이제 <u>要領</u>이 생겼다. [   ]

25 대부분의 <u>産油國</u>은 아랍 국가들이다. [   ]

26 고대 신라는 중국과 서로 많은 물자를 <u>交流</u>해 왔다. [   ]

27 과소비는 우리 사회에 커다란 <u>害惡</u>을 끼친다. [   ]

28 설악산의 가을 <u>景致</u>를 보면 절로 감탄이 나온다. [   ]

29 과식을 했더니 <u>消化</u>가 잘 안 된다. [   ]

30 이 일의 성패를 떠나서 나는 <u>最善</u>을 다해 볼 작정이다. [   ]

31 김 기자는 수해 현장의 <u>實相</u>을 꼼꼼하게 취재했다. [   ]

32 소고기는 <u>部位</u>별로 요리 방법이 다르다.

[   ]

33 할아버지는 옛 <u>英雄</u>의 이야기를 많이 들려주셨다.

[   ]

34 고분 벽화에서 고구려 <u>戰士</u>들의 용맹함을 볼 수
있었다. [   ]

35 젊은이들은 리듬이 경쾌한 곡들을 <u>愛唱</u>하는 편이다.

[   ]

02 다음 漢字의 訓과 音을 쓰세요. (36~58)

36 氷 [   ]   37 億 [   ]

38 固 [   ]   39 曲 [   ]

40 赤 [   ]   41 鐵 [   ]

42 貴 [   ]   43 可 [   ]

44 査 [   ]   45 黑 [   ]

46 規 [   ]   47 因 [   ]

48 汽 [   ]   49 願 [   ]

50 賞 [   ]   51 橋 [   ]

52 魚 [   ]   53 完 [   ]

54 買 [   ]   55 操 [   ]

56 吉 [   ]   57 期 [   ]

58 罪 [   ]

03 다음 訓과 音을 가진 漢字를 쓰세요. (59~63)

59 아침 조 [   ]

60 서울 경 [   ]

61 길 영 [   ]

62 자리 석 [   ]

63 동산 원 [   ]

04 다음 漢字의 약자(略字: 획수를 줄인 漢字)를 쓰세요.
(64~66)

64 區 [   ]   65 醫 [   ]

66 禮 [   ]

05 다음 漢字와 뜻이 반대(또는 상대)되는 漢字를 쓰세요.
(67~69)

67 (   ) ↔ 冷   68 (   ) ↔ 他

69 (   ) ↔ 舊

06 다음 漢字와 뜻이 같거나 비슷한 漢字를 〈보기〉에서
찾아 그 번호를 쓰세요. (70~72)

보기	① 市 ② 止 ③ 序 ④ 院 ⑤ 浴 ⑥ 術 ⑦ 用 ⑧ 炭

70 都 [   ]

71 技 [   ]

72 費 [   ]

07 다음 제시한 漢字語와 뜻에 맞는 同音語를 〈보기〉에서
찾아 그 번호를 쓰세요. (73~75)

보기	① 藥量 ② 風調 ③ 夜路 ④ 寒地 ⑤ 海圖 ⑥ 筆寫

73 野老 – (   ) : 밤길.

74 必死 – (   ) : 베끼어 씀.

75 韓紙 – (   ) : 추운 지방이나 장소.

08 다음 뜻에 맞는 漢字語를 〈보기〉에서 찾아 그 번호를
쓰세요. (76~78)

보기	① 參見 ② 時效 ③ 鼻祖 ④ 和談 ⑤ 變質 ⑥ 建材 ⑦ 人災 ⑧ 再選 ⑨ 過熱

76 정답게 주고받는 말. [   ]

77 사람에 의해 일어나는 재난. [   ]

78 두 번째로 당선됨. [   ]

09 다음 뜻을 가진 성어가 되도록 (　　) 안에 들어갈 적절한 漢字語를 〈보기〉에서 찾아 그 번호를 쓰세요. (79~82)

보기	① 短打　② 天河　③ 敗家　④ 健全 ⑤ 百倍　⑥ 屋號　⑦ 後無　⑧ 今始

79 前無(　　) : 이전에도 없었고 앞으로도 없음.

80 勇氣(　　) : 격려나 응원 따위에 자극을 받아 힘이나 용기를 더 냄.

81 (　　)初聞 : 지금 비로소 처음으로 들음.

82 (　　)亡身 : 집안의 재산을 다 써 없애고 몸을 망침.

10 다음 문장의 밑줄 친 漢字語를 漢字로 쓰세요. (83~97)

83 양국은 무역 규제를 완화하기로 <u>합의</u>하였다.　[　　]

84 9회 말 관중들의 시선은 타자의 방망이에 <u>집중</u>되었다.　[　　]

85 수필은 <u>형식</u>에 구애받지 않고 자유롭게 쓰는 글입니다.　[　　]

86 시민 단체가 공공 기관의 정보 <u>공개</u>를 요구했다.　[　　]

87 형은 나에게 똘똘이라는 <u>별명</u>을 붙였다.　[　　]

88 달은 지구를 중심으로 <u>운행</u>한다.　[　　]

89 삼각형은 세 개의 <u>선분</u>으로 이루어져 있다.　[　　]

90 숲속 저편에서 시커먼 <u>물체</u>가 어른거렸다.　[　　]

91 구성진 가락은 우리 민요의 <u>특색</u>이라 할 수 있다.　[　　]

92 누군가 <u>다급</u>하게 대문을 두드리는 소리가 들렸다.　[　　]

93 배는 항구를 떠나 드넓은 <u>대양</u>으로 나아갔다.　[　　]

94 꽃게와 말미잘은 서로 <u>공생</u>하는 관계이다.　[　　]

95 이 깃발은 사각이 아니라 <u>삼각</u>이라는 점이 특징이다.　[　　]

96 그가 말은 거칠어도 <u>본심</u>은 착한 사람이다.　[　　]

97 이 지역은 <u>고도</u>가 높아서 다른 지역보다 춥다.　[　　]

11 다음 漢字에서 진하게 표시한 획은 몇 번째 쓰는지 〈보기〉에서 찾아 그 번호를 쓰세요. (98~100)

보기	① 첫 번째　　② 두 번째 ③ 세 번째　　④ 네 번째 ⑤ 다섯 번째　⑥ 여섯 번째 ⑦ 일곱 번째　⑧ 여덟 번째 ⑨ 아홉 번째　⑩ 열 번째 ⑪ 열한 번째

98 思　[　　]

99 旅　[　　]

100 奉　[　　]

제100회
2023. 02. 25 시행
(社) 한국어문회 주관·한국한자능력검정회 시행
한자능력검정시험 5급 기출문제

문 항 수 : 100문항
합격문항 : 70문항
제한시간 : 50분

01 다음 밑줄 친 漢字語의 讀音을 쓰세요. (1~35)

○ 비록 목표에는 도달하지는 못했지만 ^[1]熱心히 했다.

○ 예상 밖의 ^[2]結末은 웃음을 줍니다. 〈국어 6〉

○ ^[3]才致 있는 말솜씨와 익살스러운 유머로 동료들을 사로잡았습니다. 〈생활의 길잡이 6〉

○ 헌법은 여러 법 중에 ^[4]基本이 되는 법이다. 〈사회 6〉

○ 꿈과 목표가 있는 삶이야말로 진실로 ^[5]幸福한 삶이다.

○ 고조선은 단군이 세운 우리나라 ^[6]最初의 국가이다. 〈사회 6〉

○ 나도 그 행사에 꼭 ^[7]參加하고 싶었습니다. 〈도덕 4〉

○ 촌극은 일반적으로 짧고 하나의 ^[8]事件으로 구성되고 있어요. 〈국어 5〉

○ ^[9]獨島의 생긴 모양을 보고 '삼봉도'라고 부르기도 한다. 〈국어 읽기 5〉

○ 우리나라의 눈은 좋은 ^[10]觀光 자원이 되기도 합니다. 〈사회 6〉

○ 역도 ^[11]競技를 하려면 팔, 다리, 배에 많은 힘이 필요합니다. 〈체육 4〉

○ 통장이신 어머니가 ^[12]無料로 한자 교실을 여셨다. 〈슬기로운 생활 2〉

○ 우리는 갈등을 해결하기 위한 절차와 ^[13]規則을 따라야 합니다. 〈생활의 길잡이 5〉

○ 슈바이처는 사랑과 ^[14]奉仕 정신으로 ^[15]患者를 치료하였다. 〈국어 5〉

○ ^[16]自由 민주주의는 ^[17]選擧에서 직접 비밀투표를 보장한다.

○ 이 바다는 난류와 한류가 교차하고 다양한 ^[18]魚種이 모여드는 ^[19]黃金 어장이다. 〈사회 6〉

○ 발해는 신라와도 ^[20]交通하여 ^[21]使臣을 주고받았다. 〈사회 5〉

○ 이 ^[22]病院은 병을 잘 고치기로 ^[23]所聞이 났다. 〈국어 5〉

○ 우리 ^[24]固有의 ^[25]名節은 모두 농업에서 비롯되었다. 〈국어 6〉

○ 여러 나라의 ^[26]傳來 문화를 계승 발전시킨 사례를 ^[27]調査해 보자.

○ ^[28]火災의 ^[29]原因으로는 등산객이 버린 담배꽁초, ^[30]家屋의 누전 등이 제시되고 있습니다. 〈과학 6〉

○ 2차 대전 후 원조받던, ^[31]世界에서 가장 가난했던 나라가 10대 무역국, ^[32]産業 및 과학 강국이 돼 원조하는 나라가 된 것은 한국이 유일하다.

○ '타임 스퀘어'는 ^[33]時間 ^[34]廣場으로, '센트럴 파크'는 중앙 ^[35]公園으로, '서머 페스티벌'은 '여름 축제'로, '패션 월드'는 '옷 세상'으로 바꾸면 부르기도 쉽고 더 정겹다. 〈국어 4〉

1 [   ]   2 [   ]
3 [   ]   4 [   ]
5 [   ]   6 [   ]
7 [   ]   8 [   ]
9 [   ]   10 [   ]
11 [   ]   12 [   ]
13 [   ]   14 [   ]
15 [   ]   16 [   ]
17 [   ]   18 [   ]
19 [   ]   20 [   ]
21 [   ]   22 [   ]
23 [   ]   24 [   ]
25 [   ]   26 [   ]
27 [   ]   28 [   ]
29 [   ]   30 [   ]
31 [   ]   32 [   ]
33 [   ]   34 [   ]
35 [   ]

02 다음 漢字의 訓과 音을 쓰세요. (36～58)

36 令 [　　　]	37 賣 [　　　]
38 比 [　　　]	39 財 [　　　]
40 放 [　　　]	41 太 [　　　]
42 示 [　　　]	43 兵 [　　　]
44 板 [　　　]	45 寒 [　　　]
46 仙 [　　　]	47 鐵 [　　　]
48 耳 [　　　]	49 善 [　　　]
50 赤 [　　　]	51 海 [　　　]
52 案 [　　　]	53 凶 [　　　]
54 祝 [　　　]	55 己 [　　　]
56 罪 [　　　]	57 具 [　　　]
58 筆 [　　　]	

03 다음 訓과 音을 가진 漢字를 쓰세요. (59～63)

59 이제 금 [　　　]

60 겨울 동 [　　　]

61 다스릴 리 [　　　]

62 눈 설 [　　　]

63 글 장 [　　　]

04 다음 漢字의 약자(略字: 획수를 줄인 漢字)를 쓰세요. (64～66)

64 區 [　　　]

65 禮 [　　　]

66 號 [　　　]

05 다음 漢字와 뜻이 반대(또는 상대)되는 漢字를 쓰세요. (67～69)

67 苦 ↔ (　　)

68 (　　) ↔ 少

69 冷 ↔ (　　)

06 다음 漢字와 뜻이 같거나 비슷한 漢字를 〈보기〉에서 찾아 그 번호를 쓰세요. (70～72)

보기	① 可　② 知　③ 敗　④ 停 ⑤ 主　⑥ 孫　⑦ 旅　⑧ 意

70 識 [　　　]

71 止 [　　　]

72 客 [　　　]

07 다음 제시한 漢字語와 뜻에 맞는 동음어를 〈보기〉에서 찾아 그 번호를 쓰세요. (73～75)

보기	① 給水　② 男子　③ 靑山 ④ 長江　⑤ 力士　⑥ 急流

73 歷史 - (　　) : 힘센 사람.

74 淸算 - (　　) : 푸른 산.

75 級數 - (　　) : 물을 대어 줌.

08 다음 뜻에 맞는 漢字語를 〈보기〉에서 찾아 그 번호를 쓰세요. (76～78)

보기	① 變化　② 道路　③ 永遠 ④ 浴室　⑤ 前後　⑥ 順序 ⑦ 現實　⑧ 展望　⑨ 團體

76 정해 놓은 차례. [　　　]

77 목욕 시설을 갖춘 방. [　　　]

78 넓고 먼 곳을 멀리 바라봄. 또는 멀리 내다보이는 경치. [　　　]

09 다음 뜻을 가진 성어가 되도록 ( ) 안에 들어갈 적절한 漢字語를 〈보기〉에서 찾아 그 번호를 쓰세요. (79~82)

| 보기 | ① 敬天 ② 春花 ③ 民族 ④ 都市 |
| | ⑤ 生命 ⑥ 落葉 ⑦ 注目 ⑧ 思考 |

79 秋風( ) : 가을바람에 떨어지는 나뭇잎.

80 ( )愛人 : 하늘을 숭배하고 인간을 사랑함.

81 白衣( ) : 흰옷을 입은 민족이라는 뜻으로, 한민족을 이르는 말.

82 ( )方式 : 어떤 문제에 대해 생각하고 궁리하는 방법이나 태도.

10 다음 문장의 밑줄 친 漢字語를 漢字로 쓰세요. (83~97)

○ 서로 [83]친근할수록 약속을 더욱 잘 지켜야 합니다. 〈생활의 길잡이 4〉

○ 필요는 [84]발명의 어머니이다. 〈국어 3〉

○ 오미자의 신맛에는 피로를 없애는 [85]특별한 효능이 있다. 〈국어 5〉

○ 우리나라의 강수량은 대부분 여름에 [86]집중되어 있다. 〈사회 6〉

○ 두 지역이 물 재생 센터를 [87]공동으로 사용하기로 하였다. 〈사회 3〉

○ 어머니는 자상하셔서 자주 격려와 [88]용기를 주는 말씀을 해 주십니다. 〈도덕 5〉

○ 조선 수군의 [89]승리에는 거북선이 큰 위력을 발휘하였다. 〈사회 5〉

○ 거짓말하지 않기는 [90]정직의 중요한 실천 사항이다.

○ 약속이란 [91]신용이다. 지키면 생기고 안 지키면 사라진다. 〈도덕 5〉

○ [92]음식의 바닥에 물이 생기는 것은 응결 때문입니다. 〈과학 4〉

○ 문화에 따라 사람들의 생각과 [93]행동은 다를 수 있습니다. 〈사회 3〉

○ [94]녹색은 눈을 편안하게 합니다.

○ 실패에서 교훈을 찾는다면 다음에는 [95]성공할 수 있습니다.

○ [96]지구 [97]표면은 70% 이상이 물로 덮여 있다. 〈국어 4〉

83 [	]	84 [	]
85 [	]	86 [	]
87 [	]	88 [	]
89 [	]	90 [	]
91 [	]	92 [	]
93 [	]	94 [	]
95 [	]	96 [	]
97 [	]		

11 다음 漢字에서 진하게 표시한 획은 몇 번째 쓰는지 〈보기〉에서 찾아 그 번호를 쓰세요. (98~100)

보기	① 첫 번째 ② 두 번째
	③ 세 번째 ④ 네 번째
	⑤ 다섯 번째 ⑥ 여섯 번째
	⑦ 일곱 번째 ⑧ 여덟 번째
	⑨ 아홉 번째 ⑩ 열 번째
	⑪ 열한 번째 ⑫ 열두 번째
	⑬ 열세 번째 ⑭ 열네 번째
	⑮ 열다섯 번째 ⑯ 열여섯 번째
	⑰ 열일곱 번째 ⑱ 열여덟 번째
	⑲ 열아홉 번째

98 畫 [ ]

99 關 [ ]

100 歲 [ ]

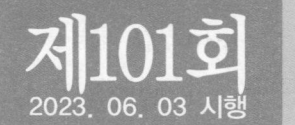

(社) 한국어문회 주관·한국한자능력검정회 시행
한자능력검정시험 5급 기출문제

문 항 수 : 100문항
합격문항 : 70문항
제한시간 : 50분

제101회
2023. 06. 03 시행

01 다음 밑줄 친 漢字語의 讀音을 쓰세요. (1~35)

1 마을 입구에 빨간 지붕의 洋屋들이 대여섯 채 늘어서 있었다. [   ]

2 그는 要領을 쓰거나 꾀를 부리지 않는 우직한 사람이다. [   ]

3 회전木馬를 탄 아이들이 신나서 소리를 질렀다. [   ]

4 철수는 先約이 있다며 자리에서 먼저 일어났다. [   ]

5 욕심은 罪惡을 낳는다는 말이 있다. [   ]

6 이 동화는 행복한 結末로 끝난다. [   ]

7 한 번 실패한 것으로 失意에 젖어 있을 수는 없다. [   ]

8 이번 연극에는 力量있는 배우들이 많이 출연한다. [   ]

9 아이들이 자발적으로 規則을 지킬 방법을 찾아보았다. [   ]

10 김춘추는 삼국 통일의 偉業을 이룩하였다. [   ]

11 우리가 쌈으로 즐겨먹는 상추는 유럽이 原産이라고 한다. [   ]

12 사회자가 사전에 오늘 토의할 案件들을 알려주었다. [   ]

13 외국인들은 한옥 지붕의 우아한 曲線의 아름다움에 매료되었다. [   ]

14 김 박사는 옥수수 품종을 改良하여 수확량을 늘렸다. [   ]

15 이 폭포는 용이 승천했다는 傳說을 가지고 있다. [   ]

16 할머니는 부처님께 자식들의 건강을 祝願했다. [   ]

17 방사선의 物質은 인체에 매우 해롭다. [   ]

18 유럽 여행을 떠난 삼촌에게서 그림 葉書를 받았다. [   ]

19 철수는 동생의 일이라면 사사건건 參見을 하였다. [   ]

20 우리 민족은 일찍부터 상부상조하는 美風을 이어오고 있다. [   ]

21 하얀 눈 위에 사람의 발자국이 鮮明하게 찍혀 있었다. [   ]

22 우리는 대자연의 아름다운 情景을 넋을 잃고 바라보았다. [   ]

23 환경오염이 남의 문제가 아니라는 지적에는 모두 共感한다. [   ]

24 연구팀은 낙동강 河口에서 생태환경을 조사했다. [   ]

25 조정 대신들은 왜국과의 和親을 극구 반대했다. [   ]

26 열심히 일한 만큼 좋은 성과가 있기를 期待해 본다. [   ]

27 봉화는 낮에는 연기로, 밤에는 불빛으로 信號를 보냈다. [   ]

28 부산은 우리나라 最大의 항구 도시이다. [   ]

29 심사에서 落選한 작품 가운데에서도 훌륭한 것들이 많았다. [   ]

30 광복절은 해방을 記念하는 날이다. [   ]

31 산불로 타버린 숲이 綠化되려면 오랜 시간이 걸린다. [   ]

32 이 배의 앞부분은 두꺼운 鐵板으로 싸여 있다. [   ]

33 물건을 <u>都買</u>로 구입하면 값이 훨씬 싸다.

[   ]

34 봄철에는 <u>氣溫</u>의 변화가 심하다.   [   ]

35 비료 성분이 하천으로 <u>流入</u>되면 수질이 나빠진다.

[   ]

02 다음 漢字의 訓과 音을 쓰세요. (36~58)

36 院 [   ]   37 雄 [   ]

38 黑 [   ]   39 序 [   ]

40 再 [   ]   41 給 [   ]

42 輕 [   ]   43 寫 [   ]

44 談 [   ]   45 島 [   ]

46 牛 [   ]   47 貯 [   ]

48 壇 [   ]   49 貴 [   ]

50 止 [   ]   51 他 [   ]

52 打 [   ]   53 鼻 [   ]

54 敗 [   ]   55 氷 [   ]

56 固 [   ]   57 吉 [   ]

58 橋 [   ]

03 다음 訓과 音을 가진 漢字를 쓰세요. (59~63)

59 빠를 속   [   ]

60 낮 주   [   ]

61 쓸 고   [   ]

62 누를 황   [   ]

63 클 태   [   ]

04 다음 漢字의 약자(略字: 획수를 줄인 漢字)를 쓰세요. (64~66)

64 區 [   ]

65 禮 [   ]

66 畫 [   ]

05 다음 漢字와 뜻이 반대(또는 상대)되는 漢字를 쓰세요. (67~69)

67 勞 ↔ (   )

68 (   ) ↔ 着

69 祖 ↔ (   )

06 다음 漢字와 뜻이 같거나 비슷한 漢字를 〈보기〉에서 찾아 그 번호를 쓰세요. (70~72)

보기	① 唱 ② 患 ③ 爭 ④ 汽 ⑤ 許 ⑥ 冷 ⑦ 曜 ⑧ 賞

70 戰 [   ]

71 歌 [   ]

72 寒 [   ]

07 다음 제시한 뜻을 가진 同音語를 〈보기〉에서 찾아 그 번호를 쓰세요. (73~75)

보기	① 村老 ② 相思 ③ 商船 ④ 小雪 ⑤ 所望 ⑥ 初球

73 消亡 – (   ) : 어떤 일을 바람.

74 草具 – (   ) : 야구에서, 투수가 맨 처음 던 지는 공.

75 上仙 – (   ) : 삯을 받고 사람이나 짐을 나르 는 데에 쓰는 배.

08 다음 뜻에 맞는 漢字語를 〈보기〉에서 찾아 그 번호를 쓰세요. (76~78)

보기	① 湖面 ② 士林 ③ 史料 ④ 救命 ⑤ 加熱 ⑥ 停電 ⑦ 終身 ⑧ 調査 ⑨ 競賣

76 목숨을 다하기까지의 동안. [   ]

77 오던 전기가 끊어짐. [   ]

78 역사 연구에 필요한 문헌이나 유물. [   ]

09 다음 뜻을 가진 사자성어가 되도록 (   ) 안에 들어갈 적절한 漢字語를 〈보기〉에서 찾아 그 번호를 쓰세요. (79~82)

보기	① 朝令 ② 無根 ③ 天災 ④ 過去
	⑤ 一致 ⑥ 赤米 ⑦ 不問 ⑧ 食卓

79 言行(   ) : 말과 행동이 서로 같음.

80 事實(   ) : 근거가 없음.

81 (   )地變 : 지진, 홍수, 태풍 따위의 자연현상으로 인한 재앙.

82 (   )可知 : 묻지 아니하여도 알 수 있음.

10 다음 문장의 밑줄 친 漢字語를 漢字로 쓰세요. (83~97)

83 녹용은 예로부터 원기를 돋우는 <u>명약</u>으로 널리 알려져 왔다. [   ]

84 노인은 고기잡이로 <u>생계</u>를 이어 가고 있었다. [   ]

85 이 건물은 시청에서 <u>특별</u>히 관리하고 있다. [   ]

86 사기충천한 병사들이 전투를 <u>승리</u>로 이끌었다. [   ]

87 과거보다는 <u>현재</u>에 충실하는 것이 더 중요하다. [   ]

88 이 문제는 여러 <u>각도</u>에서 다시 검토할 필요가 있다. [   ]

89 이 다리가 읍내로 들어가는 유일한 <u>통로</u>이다. [   ]

90 날이 어두워져서 사물의 <u>형체</u>를 알아보기가 어렵다. [   ]

91 이 스위치는 온도 변화를 감지하면 <u>작동</u>된다. [   ]

92 우리 고장은 <u>평야</u> 지대라 농업이 잘 발달했다. [   ]

93 부모님은 우리가 밝고 건강하게 <u>성장</u>하기만을 바라셨다. [   ]

94 고객으로부터 신제품에 대해 <u>주문</u>이 쇄도했다. [   ]

95 시장은 시립도서관을 24시간 <u>개방</u>하기로 하였다. [   ]

96 전설 중에는 지명의 <u>유래</u>를 설명하는 것이 많다. [   ]

97 우리나라는 <u>석유</u>가 한 방울도 나오지 않는다. [   ]

11 다음 漢字에서 진하게 표시한 획은 몇 번째 쓰는지 〈보기〉에서 찾아 그 번호를 쓰세요. (98~100)

보기	① 첫 번째	② 두 번째
	③ 세 번째	④ 네 번째
	⑤ 다섯 번째	⑥ 여섯 번째
	⑦ 일곱 번째	⑧ 여덟 번째
	⑨ 아홉 번째	⑩ 열 번째
	⑪ 열한 번째	⑫ 열두 번째

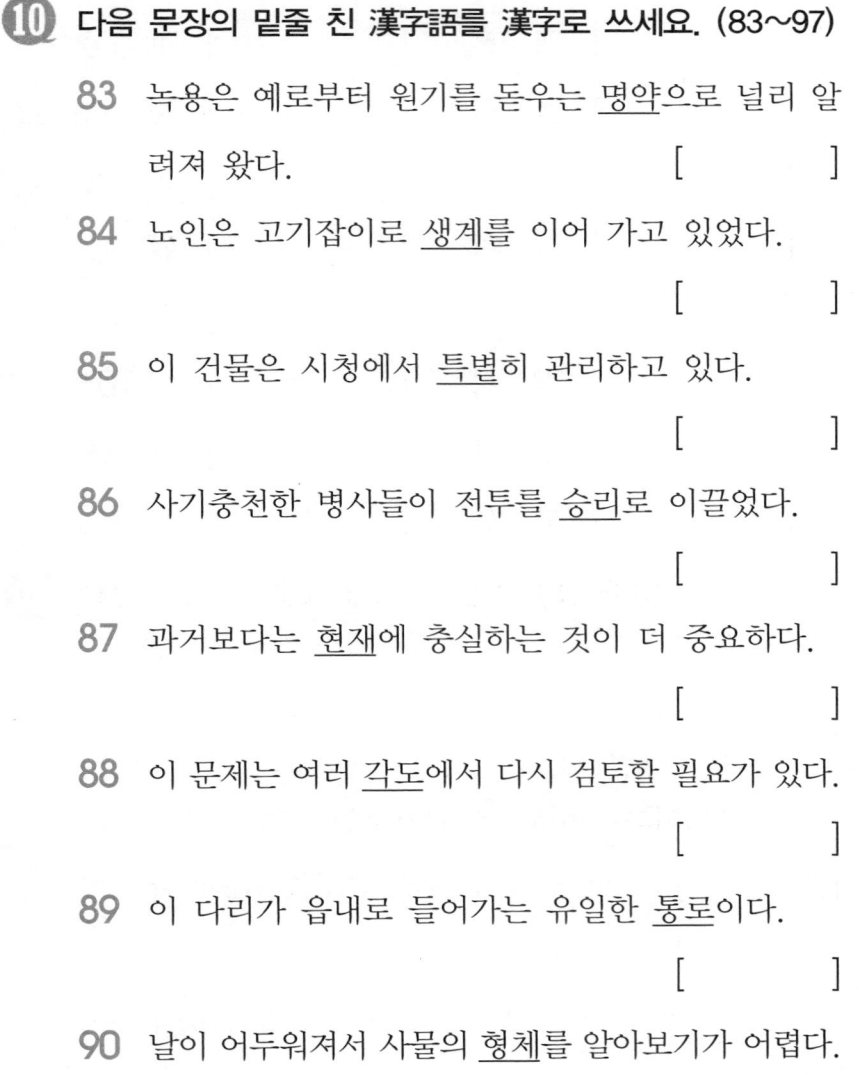

98 [   ]

99 [   ]

100 [   ]

제102회
2023. 08. 26 시행
(社) 한국어문회 주관·한국한자능력검정회 시행
한자능력검정시험 5급 기출문제
문 항 수 : 100문항
합격문항 : 70문항
제한시간 : 50분

01 다음 밑줄 친 漢字語의 讀音을 쓰세요. (1~35)

1 서쪽 해변에는 많은 休養 시설들이 밀집해 있다.
[   ]

2 조선의 새 都邑인 한양은 정치, 경제, 문화의 중심지가 되었다.
[   ]

3 식사 요금에는 10퍼센트의 세금이 加算된다.
[   ]

4 나무를 실은 馬車가 고개를 넘어가고 있다.
[   ]

5 별똥별을 보고 所願을 빌면 이루어진다는 말이 있다.
[   ]

6 우리는 그 문제에 대해서는 決死 반대이다.
[   ]

7 학자는 曲學으로 세상에 아부해서는 안 된다.
[   ]

8 감기에 걸린 동생은 惡寒과 고열에 시달렸다.
[   ]

9 우리 학교는 다음 주에 기말 考査를 치른다.
[   ]

10 농부들이 인터넷을 통해 소비자와 직접 去來하는 일이 잦다.
[   ]

11 단풍이 붉게 물든 설악산의 風景은 정말 아름다웠다.
[   ]

12 박물관에는 많은 고대 유물들이 展示되어 있다.
[   ]

13 경찰의 수사로 事件의 전모가 밝혀졌다.
[   ]

14 규칙을 잘 지켜야만 흥미진진한 競技를 펼칠 수 있다.
[   ]

15 관청에서 건물을 짓도록 許可를 내주었다.
[   ]

16 그는 다양한 경험을 통해 見聞을 넓혀 갔다.
[   ]

17 화재로 불탄 숭례문이 새롭게 再建되었다.
[   ]

18 무채색에는 백색과 黑色이 있다. [   ]

19 환경 보호에 대한 각계각층의 關心이 필요하다.
[   ]

20 내년에 국회의원을 뽑는 選擧가 있다.
[   ]

21 석가의 탄신을 記念하는 연등이 거리를 수놓았다.
[   ]

22 글을 이해하려면 筆者의 생각을 먼저 이해하여야 한다.
[   ]

23 정부는 사회의 제도를 더 좋게 改善하기 위해 노력한다.
[   ]

24 사용 기간이 지난 쿠폰은 無效라 쓸 수가 없다.
[   ]

25 만난 지 얼마 되지 않아서 그는 나의 知己가 되었다.
[   ]

26 課外 비용이 대다수 학부모에게 적지 않은 부담을 주고 있다.
[   ]

27 철수는 우리 반의 대표자로 회의에 參席했다.
[   ]

28 생선이 新鮮해야 매운탕 국물이 맛이 난다.
[   ]

29 그는 생각보다 싼 價格에 그 물건을 구입했다.
[   ]

30 활주로 사정 때문에 着陸이 한 시간이나 지연되었다.
[   ]

31 우리 농산물과 수입 농산물은 눈으로도 쉽게 識別된다. [   ]

32 두 아들은 재능 있고 <u>健實</u>한 젊은이로 성장했다.
[   ]

33 <u>客地</u>도 오래 정들면 고향과 같아지는 법이다.
[   ]

34 그는 이번 일에 대한 <u>責任</u>을 지고 회장직에서 물러났다. [   ]

35 천주교에서는 자신의 죄를 용서받기 위해 신부 앞에서 <u>告白</u>을 한다. [   ]

02 다음 漢字의 訓과 音을 쓰세요. (36~58)

36 朗 [   ] 37 末 [   ]

38 充 [   ] 39 因 [   ]

40 卒 [   ] 41 雄 [   ]

42 旅 [   ] 43 宅 [   ]

44 患 [   ] 45 約 [   ]

46 漁 [   ] 47 必 [   ]

48 料 [   ] 49 落 [   ]

50 鼻 [   ] 51 團 [   ]

52 宿 [   ] 53 案 [   ]

54 歷 [   ] 55 葉 [   ]

56 束 [   ] 57 最 [   ]

58 舊 [   ]

03 다음 訓과 音을 가진 漢字를 쓰세요. (59~63)

59 약할 약   [   ]

60 강할 강   [   ]

61 곧을 직   [   ]

62 줄 선   [   ]

63 따뜻할 온   [   ]

04 다음 漢字의 약자(略字: 획수를 줄인 漢字)를 쓰세요. (64~66)

64 對 [   ] 65 氣 [   ]

66 發 [   ]

05 다음 (   ) 안에 뜻이 반대(또는 상대)되는 漢字를 쓰세요. (67~69)

67 輕 ↔ (   )   68 (   ) ↔ 少

69 (   ) ↔ 今

06 다음 漢字와 뜻이 같거나 비슷한 漢字를 〈보기〉에서 찾아 그 번호를 쓰세요. (70~72)

보기	① 本	② 勇	③ 期	④ 領
	⑤ 用	⑥ 口	⑦ 面	⑧ 令

70 根 [   ]

71 命 [   ]

72 費 [   ]

07 다음 제시한 漢字語와 뜻에 맞는 同音語를 〈보기〉에서 찾아 그 번호를 쓰세요. (73~75)

보기	① 固定	② 敗北	③ 不在
	④ 弟子	⑤ 獨島	⑥ 道場

73 題字 – (   ) : 스승으로부터 가르침을 받거나 받은 사람.

74 圖章 – (   ) : 무예를 닦는 곳.

75 部材 – (   ) : 그곳에 있지 아니함.

08 다음 뜻에 맞는 漢字語를 〈보기〉에서 찾아 그 번호를 쓰세요. (76~78)

보기	① 便安	② 注目	③ 合意
	④ 賣買	⑤ 吉凶	⑥ 功過
	⑦ 親近	⑧ 空中	⑨ 急流

76 공로와 과실. [　　　]

77 운이 좋고 나쁨. [　　　]

78 물건을 팔고 사는 일. [　　　]

09 다음 뜻을 가진 성어가 되도록 (　　) 안에 들어갈 적절한 漢字語를 〈보기〉에서 찾아 그 번호를 쓰세요. (79~82)

보기	① 一致　② 貴人　③ 規則　④ 門前 ⑤ 百年　⑥ 石火　⑦ 炭氷　⑧ 分量

79 電光(　　　) : 번갯불과 부싯돌의 불. 매우 짧은 시간.

80 言行(　　　) : 말과 행동이 서로 같음.

81 (　　　)大計 : 먼 앞날까지 미리 내다보고 세우는 크고 중요한 계획.

82 (　　　)成市 : 집 문 앞이 시장을 이루다시피 함.

10 다음 문장의 밑줄 친 漢字語를 漢字로 쓰세요. (83~97)

83 그는 은행에서 번호표를 뽑고 차례를 기다렸다. [　　　]

84 한쪽 말만 듣고 상황을 판단하는 것은 공평하지 못하다. [　　　]

85 대자연의 아름다움을 그린 다큐멘터리는 언제 보아도 감동적이다. [　　　]

86 김치는 한국의 대표적인 음식이다. [　　　]

87 고구려의 미술은 웅장한 기풍을 지니고 있다. [　　　]

88 이 문제는 여러 각도에서 다시 검토할 필요가 있다. [　　　]

89 모두 각자 맡은 역할을 충실하게 해냈다. [　　　]

90 그 가수는 노래도 잘 하지만 효심도 지극했다. [　　　]

91 이 박사는 현재 한의원을 개업 중이다. [　　　]

92 우리나라의 눈부신 성장에 세계가 깜짝 놀랐다. [　　　]

93 우리 마을과 건넛마을은 저수지를 공유하고 있다. [　　　]

94 선생은 이름만 들어도 알 수 있는 고명한 한학자이시다. [　　　]

95 우리 회사는 남녀 차별을 두지 않는다. [　　　]

96 우리 가족은 화목을 가장 중요한 덕목으로 여긴다. [　　　]

97 고등어의 등은 청록색 바탕에 검은 줄무늬가 있는 것이 특징이다. [　　　]

11 다음 漢字에서 진하게 표시한 획은 몇 번째 쓰는지 〈보기〉에서 찾아 그 번호를 쓰세요. (98~100)

보기	① 첫 번째　　② 두 번째 ③ 세 번째　　④ 네 번째 ⑤ 다섯 번째　⑥ 여섯 번째 ⑦ 일곱 번째　⑧ 여덟 번째

98 [　　　]

99 [　　　]

100 [　　　]

제103회
2023. 11. 11 시행
(社) 한국어문회 주관·한국한자능력검정회 시행
한자능력검정시험 5급 기출문제
문 항 수 : 100문항
합격문항 : 70문항
제한시간 : 50분

01 다음 밑줄 친 漢字語의 讀音을 쓰세요. (1~35)

1 許可를 받은 약사만이 약을 조제할 수 있다.
[   ]

2 나는 간단한 학용품을 학교 賣店에서 구입한다.
[   ]

3 현대에는 醫術이 발달하여 웬만한 병은 다 고칠 수 있다. [   ]

4 봄바람에 落花하는 벚꽃잎이 마치 휘날리는 눈송이 같다. [   ]

5 아무리 작은 일이라도 맡은 일에는 最善을 다해야 한다. [   ]

6 윤 대령은 상관의 命令을 따르지 않았다는 혐의로 체포되었다. [   ]

7 박물관 공사는 當初 예정보다 늦어지고 있다.
[   ]

8 식기를 끓는 물로 加熱하여 소독하였다.
[   ]

9 어린이들도 반장을 選擧할 때면 어른들 못지 않게 진지하다. [   ]

10 그 작가는 어젯밤 자택에서 노환으로 別世했다.
[   ]

11 신도시에는 고층 建物들이 즐비하게 서 있었다.
[   ]

12 화물 운송에서 철도가 차지하는 比重이 상당히 높다.
[   ]

13 산 정상에서 내려다본 景致가 그림같이 아름답다.
[   ]

14 汽車가 황금 들녘을 가로질러 내달렸다.
[   ]

15 지구 온난화로 인한 자연 災害가 갈수록 빈번해지고 있다. [   ]

16 오늘 기온은 例年에 비해 대략 5도 정도 높다.
[   ]

17 삼각주는 주로 河川의 하류 지역에 발달한다.
[   ]

18 이순신 장군은 兵船 12척으로 왜적을 대파했다.
[   ]

19 고집이 센 그의 決心은 조금도 흔들리지 않았다.
[   ]

20 풍랑이 그치자 어부들은 出漁를 서둘렀다.
[   ]

21 수업 시간에 筆記한 노트를 영수에게 빌려 주었다.
[   ]

22 콩에는 良質의 단백질이 들어 있어 다이어트 식품으로 효과적이다. [   ]

23 이번 주에는 미술관에서 판화를 展示하였다.
[   ]

24 성 안에는 아군의 勝戰을 알리는 북소리가 울려 퍼졌다. [   ]

25 삼촌은 하모니카 하나로도 웬만한 樂曲을 다 연주했다. [   ]

26 엄마는 음식물 쓰레기를 줄이는 要領을 가르쳐 주셨다. [   ]

27 흘러가는 歲月은 아무도 붙잡을 수 없다.
[   ]

28 도량이 넓은 장군은 부하들로부터 두터운 信望을 얻었다. [   ]

29 수입 쇠고기보다 韓牛가 훨씬 담백한 맛이 난다.
[   ]

30 추석 무렵이면 시장엔 온갖 果實들로 넘쳐난다.
[   ]

31 얼마 전에 이사 온 친구는 아직 이 곳 事情에 어둡다.
[   ]

32 추석 명절에 일가친척들이 모여 <u>德談</u>을 나누었다.
[   ]

33 역대 전적만 보더라도 그들은 우리의 <u>相對</u>가 되지 않는다. [   ]

34 할머니께서는 어제 사온 강아지에 <u>愛着</u>이 가시는 모양이다. [   ]

35 감기에 걸렸다면 <u>充分</u>히 쉬는 게 좋다.
[   ]

02 다음 漢字의 訓과 音을 쓰세요. (36~58)

36 技 [   ]　　37 祝 [   ]

38 院 [   ]　　39 停 [   ]

40 唱 [   ]　　41 考 [   ]

42 冷 [   ]　　43 序 [   ]

44 貯 [   ]　　45 給 [   ]

46 案 [   ]　　47 鼻 [   ]

48 曜 [   ]　　49 吉 [   ]

50 貴 [   ]　　51 原 [   ]

52 買 [   ]　　53 黑 [   ]

54 耳 [   ]　　55 亡 [   ]

56 億 [   ]　　57 規 [   ]

58 査 [   ]

03 다음 訓과 音을 가진 漢字를 쓰세요. (59~63)

59 자리 석　　　　[   ]

60 길 영　　　　　[   ]

61 특별할 특　　　[   ]

62 가까울 근　　　[   ]

63 꽃부리 영　　　[   ]

04 다음 漢字의 약자(略字: 획수를 줄인 漢字)를 쓰세요. (64~66)

64 禮 [   ]　　65 畫 [   ]

66 號 [   ]

05 다음 漢字와 뜻이 반대(또는 상대)되는 漢字를 써넣어 단어를 만드세요. (67~69)

67 (　) ↔ 終　　　68 (　) ↔ 止

69 寒 ↔ (　)

06 다음 漢字와 뜻이 같거나 비슷한 漢字를 〈보기〉에서 찾아 그 번호를 쓰세요. (70~72)

보기	① 敗	② 競	③ 板	④ 都
	⑤ 馬	⑥ 救	⑦ 島	⑧ 件

70 品 [   ]

71 京 [   ]

72 爭 [   ]

07 다음 제시한 漢字語와 뜻에 맞는 同音語를 〈보기〉에서 찾아 그 번호를 쓰세요. (73~75)

보기	① 弱者	② 調節	③ 藥水
	④ 打球	⑤ 操身	⑥ 炭火

73 約數 – (　　　) : 약효가 있는 샘물.

74 朝臣 – (　　　) : 몸가짐을 조심함.

75 他區 – (　　　) : 공을 치는 일.

08 다음 뜻에 맞는 漢字語를 〈보기〉에서 찾아 그 번호를 쓰세요. (76~78)

보기	① 雄才	② 消費	③ 鐵橋
	④ 登壇	⑤ 健兒	⑥ 小葉
	⑦ 再活	⑧ 順位	⑨ 度量

76 작은 잎.   [   ]

77 쇠로 놓은 다리.   [   ]

78 건강하고 씩씩한 사나이.   [   ]

09 다음 뜻을 가진 성어가 되도록 (   ) 안에 들어갈 적절한 漢字語를 〈보기〉에서 찾아 그 번호를 쓰세요. (79~82)

보기	① 必改	② 固形	③ 主客	④ 期待
	⑤ 學則	⑥ 屋外	⑦ 凶惡	⑧ 書生

79 白面(   ) : 한갓 글만 읽고 세상일에는 전혀 경험이 없는 사람.

80 知過(   ) : 허물임을 알면 반드시 고침.

81 (   )無道 : 성질이 거칠고 사나우며 도의심이 없음.

82 (   )一體 : 주인과 손님이 하나가 됨.

10 다음 문장의 밑줄 친 漢字語를 漢字로 쓰세요. (83~97)

83 수학 문제를 푼 후 계산이 맞는지 검산해 보았다.
                                [   ]

84 선생님은 우리들에게 희망과 용기를 심어 주셨다.
                                [   ]

85 할아버지는 아침마다 공원을 한 바퀴씩 산책하신다.
                                [   ]

86 나는 많은 차량이 통행하는 출퇴근 시간에는 대중교통을 이용한다.   [   ]

87 이 제품은 고열에 잘 견디는 특수 합금으로 만들었다.   [   ]

88 내리막에 커브가 심한 이 곳은 교통사고 다발지역이다.   [   ]

89 솔솔 불어오는 남풍에서 봄내음이 느껴진다.
                                [   ]

90 그는 다음 번 휴게소에서 자동차에 주유해야겠다고 생각했다.   [   ]

91 젖은 손으로 전기 코드를 만지면 감전될 우려가 있다.   [   ]

92 제사는 조상과 후손을 이어주는 구실을 하기도 한다.
                                [   ]

93 영희와 철수는 서로의 의견을 공유하였다.
                                [   ]

94 지금은 부재중이라 전화를 받을 수 없습니다.
                                [   ]

95 동양과 서양은 생활 패턴이 서로 다른 점이 많다.
                                [   ]

96 개구리는 먹이를 잡을 때 혀를 사용한다.
                                [   ]

97 그는 대통령에게 이번 결정은 잘못이라고 직언하였다.   [   ]

11 다음 漢字에서 진하게 표시한 획은 몇 번째 쓰는지 〈보기〉에서 찾아 그 번호를 쓰세요. (98~100)

보기	① 첫 번째	② 두 번째
	③ 세 번째	④ 네 번째
	⑤ 다섯 번째	⑥ 여섯 번째
	⑦ 일곱 번째	⑧ 여덟 번째
	⑨ 아홉 번째	⑩ 열 번째
	⑪ 열한 번째	⑫ 열두 번째

98 旅   [   ]

99 料   [   ]

100 束   [   ]

제104회
2024. 02. 24 시행
(社) 한국어문회 주관·한국한자능력검정회 시행
한자능력검정시험 5급 기출문제
문 항 수 : 100문항
합격문항 : 70문항
제한시간 : 50분

01 다음 밑줄 친 漢字語의 讀音을 쓰세요. (1~35)

○ [1]地圖에서 실제 거리를 줄인 정도를 축척이라 한다.

○ 지키지 못할 약속을 하기보다 [2]當場의 거절이 낫다. 〈생활의 길잡이 4〉

○ 인생 최고의 날은 자기의 [3]使命을 발견한 날이다.

○ 꿈은 [4]敗北할 때 끝나는 것이 아니라 포기할 때 끝난다.

○ 자유를 택한 한국은 10대 무역대국으로 [5]發展하였고 독재에 속은 북한은 세계 최빈국이 되었다.

○ 군인은 실전과 같은 [6]訓練을 해야 전투에서 피를 흘리지 않는다.

○ 띠씨름은 과거에 많이 행하여진 경기 [7]方式입니다. 〈국어 읽기 4〉

○ [8]領土와 국민과 주권은 국가를 구성하는 3대 요소이다.

○ 작은 일에 [9]最善을 다하는 사람은 반드시 성공하게 되어 있다.

○ [10]患者가 고통스러워도 범사에 감사하는 밀과 태도를 가지면 몸의 회복 [11]速度도 빠르다고 한다.

○ 입춘이 지나 [12]雨水, 경칩이 되면 대동강 물도 풀려 봄이 가깝다.

○ 6.25 [13]事變 때 학도병들은 나라의 부름을 받고 목숨을 바쳤다.

○ 좋은 [14]親舊를 많이 사귀려면 잘 들어주는 경청하는 사람이 되라.

○ 이어도 종합 [15]海洋 과학 기지는 암초 위에 만들어졌다. 〈사회과부도 4〉

○ 교만한 사람은 적이 많지만 겸손한 사람은 적이 적으니 겸손이야말로 인생 [16]勝利의 최고 덕목이다.

○ 군인, 교사, 판사 등 직업인은 각자의 사회적 [17]責任이 무겁다.

○ 누구든지 으뜸이 되고자 하는 자는 남을 섬기는 자가 되어야 한다는 것이 만고불변의 [18]法則이다.

○ 인간은 삶의 [19]目的을 발견하게 되면 자기를 [20]所重히 여기고 부모께 효도하게 된다.

○ 해방 [21]以後 북한은 사유 [22]財産을 인정하지 않는 사회주의 경제 체제를 유지하고 있다. 〈도덕 4〉

○ 인간이나 국가나 대화가 막히면 싸우고 [23]戰爭을 시작하므로 소통과 평화의 [24]對話가 중요하다.

○ 많은 사람들이 함께 [25]幸福하게 생활하기 위해서는 지켜야 할 [26]約束들이 있습니다. 〈도덕 4〉

○ [27]都市와 촌락은 인구, 산업, [28]交通이나 [29]文化 시설 등에서 차이가 나며 생활 모습도 다릅니다. 〈사회 4〉

○ [30]火災의 [31]原因으로는 건조한 날씨에 등산객이 버린 담배꽁초나 등산객의 취사 행위, 주변 [32]家屋의 누전 등이 제시되고 있다. 〈과학 6〉

○ [33]選擧에 참여하여 투표를 할 수 있으며, [34]新聞이나 텔레비전을 통해 자신의 [35]意見을 직접 제시할 수 있다. 〈사회 6〉

1 [	]	2 [	]
3 [	]	4 [	]
5 [	]	6 [	]
7 [	]	8 [	]
9 [	]	10 [	]
11 [	]	12 [	]
13 [	]	14 [	]
15 [	]	16 [	]
17 [	]	18 [	]
19 [	]	20 [	]
21 [	]	22 [	]
23 [	]	24 [	]

25 [   ]   26 [   ]

27 [   ]   28 [   ]

29 [   ]   30 [   ]

31 [   ]   32 [   ]

33 [   ]   34 [   ]

35 [   ]

02 다음 漢字의 訓과 音을 쓰세요. (36~58)

36 牛 [   ]   37 太 [   ]

38 養 [   ]   39 永 [   ]

40 調 [   ]   41 基 [   ]

42 赤 [   ]   43 熱 [   ]

44 比 [   ]   45 說 [   ]

46 筆 [   ]   47 冷 [   ]

48 馬 [   ]   49 寫 [   ]

50 黑 [   ]   51 賣 [   ]

52 氷 [   ]   53 改 [   ]

54 祝 [   ]   55 元 [   ]

56 到 [   ]   57 唱 [   ]

58 打 [   ]

03 다음 訓과 音을 가진 漢字를 쓰세요. (59~63)

59 짧을 단   [   ]

60 사랑 애   [   ]

61 노래 가   [   ]

62 앞 전   [   ]

63 화할 화   [   ]

04 다음 漢字의 약자(略字: 획수를 줄인 漢字)를 쓰세요. (64~66)

64 醫 [   ]   65 晝 [   ]

66 號 [   ]

05 다음 漢字와 뜻이 반대(또는 상대)되는 漢字를 써넣어 단어를 만드세요. (67~69)

67 (   ) ↔ 弱

68 (   ) ↔ 樂

69 遠 ↔ (   )

06 다음 漢字와 뜻이 같거나 비슷한 漢字를 〈보기〉에서 찾아 그 번호를 쓰세요. (70~72)

보기	① 考	② 初	③ 中	④ 停
	⑤ 終	⑥ 示	⑦ 作	⑧ 觀

70 告 [   ]

71 始 [   ]

72 止 [   ]

07 다음 제시한 漢字語와 뜻에 맞는 同音語를 〈보기〉에서 찾아 그 번호를 쓰세요. (73~75)

보기	① 過失	② 科室	③ 病死
	④ 動心	⑤ 兵事	⑥ 童心

73 同心 – (   ) : 어린아이의 마음.

74 果實 – (   ) : 잘못이나 허물.

75 兵士 – (   ) : 병으로 죽음.

08 다음 뜻에 맞는 漢字語를 〈보기〉에서 찾아 그 번호를 쓰세요. (76~78)

보기	① 會談	② 品切	③ 加算
	④ 出世	⑤ 登壇	⑥ 商業
	⑦ 害惡	⑧ 鐵工	⑨ 入團

76 연단, 교단, 문단 등에 오름.   [   ]

77 해가 되는 나쁜 일.   [   ]

78 물건이 다 팔리고 없음.   [   ]

09 다음 뜻을 가진 성어가 되도록 (   ) 안에 들어갈 적절한 漢字語를 〈보기〉에서 찾아 그 번호를 쓰세요. (79~82)

보기	① 長生	② 知行	③ 小葉	④ 河淸
	⑤ 言行	⑥ 落葉	⑦ 衣服	⑧ 着衣

79 秋風(   ) : 가을바람에 떨어지는 낙엽.

80 (   )合一 : 지식과 행동이 서로 맞음.

81 人相(   ) : 사람의 생김새와 옷차림.

82 百年(   ) : 아무리 오랜 시일이 지나도 어떤 일이 이루어지기 어려움.

10 다음 문장의 밑줄 친 漢字語를 漢字로 쓰세요. (83~97)

83 씨앗을 퍼트리는 방법은 <u>식물</u>마다 다릅니다.
〈국어 읽기 3〉　　　　　　　[　　　]

84 다문화시대에는 다른 <u>민족</u>을 얕보는 태도를 버려야 한다.　　　　　　[　　　]

85 날마다 자기 전에 일기를 쓰며 하루를 <u>반성</u>합니다.
[　　　]

86 선생님께서는 자신의 의견을 내일까지 <u>서면</u>으로 제출하라고 하셨다.　　　[　　　]

87 우리나라 과학의 미래 꿈나무인 <u>영재</u>를 많이 길러야 한다.　　　　　　　[　　　]

88 부모께 효도하고, <u>형제</u>끼리 우애 있는 가정이 복된 가정이다.　　　　　　[　　　]

89 현장 체험 <u>학습</u>을 많이 늘려 학생들이 생각하게 해야 한다.　　　　　　　[　　　]

90 <u>청춘</u>의 특권은 꿈을 갖고 도전하는 것이다.
[　　　]

91 <u>감전</u> 사고는 낡은 전기 시설에서 나므로 주의해야 한다.　　　　　　　　[　　　]

92 청소년 비만을 예방하려면 실외 <u>체육</u> 활동을 늘려야 한다.　　　　　　　[　　　]

93 자유 민주사회는 기회의 <u>평등</u>을 보장하여야 한다.
[　　　]

94 우리는 <u>정직</u>한 사람이 되기 위해 힘써야 한다.
〈생활의 길잡이 4〉　　　　　　[　　　]

95 사회 정의를 바로 세우려면 시민 각자의 <u>용기</u>가 필요하다.　　　　　　　[　　　]

96 말의 <u>신용</u>을 한 번 잃으면 신뢰를 회복하기 쉽지 않다.　　　　　　　　[　　　]

97 <u>농촌</u>이 살기 좋아야 도시도 좋아지는 법이다.
[　　　]

11 다음 漢字에서 진하게 표시한 획은 몇 번째 쓰는지 〈보기〉에서 찾아 그 번호를 쓰세요. (98~100)

보기	① 첫 번째	② 두 번째
	③ 세 번째	④ 네 번째
	⑤ 다섯 번째	⑥ 여섯 번째
	⑦ 일곱 번째	⑧ 여덟 번째
	⑨ 아홉 번째	⑩ 열 번째
	⑪ 열한 번째	⑫ 열두 번째

98 奉　　　　[　　　]

99 雄　　　　[　　　]

100 健　　　　[　　　]

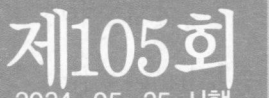
제105회
2024. 05. 25 시행

(社) 한국어문회 주관·한국한자능력검정회 시행
한자능력검정시험 5급 기출문제

문 항 수 : 100문항
합격문항 : 70문항
제한시간 : 50분

01 다음 밑줄 친 漢字語의 讀音을 쓰세요. (1~35)

1 그는 만담으로 사람을 웃기는 <u>特技</u>를 가졌다.
[   ]

2 나는 오늘 읽은 동화의 줄거리를 <u>要約</u>해 보았다.
[   ]

3 건물을 지으려면 먼저 용지를 <u>買入</u>해야 한다.
[   ]

4 예전에는 상대의 얼굴도 모르고 결혼하는 일이 <u>許多</u>했다고 한다. [   ]

5 우리 집 <u>花壇</u>에 탐스러운 모란꽃이 흐드러지게 피었다. [   ]

6 과연 이 방법이 문제 해결의 최선일까 <u>再考</u>해 보았다. [   ]

7 그는 조선 시대 백자의 은은한 <u>色感</u>을 좋아하였다.
[   ]

8 이 책의 <u>筆者</u>가 누구인지는 밝혀진 바가 없다.
[   ]

9 신인 투수의 <u>球速</u>은 변화가 심해 받아치기가 어렵다.
[   ]

10 우리는 심부름 갈 사람을 제비뽑기로 <u>決定</u>했다.
[   ]

11 이 사건은 역사상 <u>類例</u>를 찾기 힘든 사건이다.
[   ]

12 영수는 자신과 <u>無關</u>한 일에도 종종 나서는 경우가 있다. [   ]

13 그는 체질을 <u>改善</u>하기 위해 식단을 바꾸었다.
[   ]

14 몸에 꼭 끼이는 청바지를 입었더니 <u>舉動</u>이 불편하다.
[   ]

15 포장이 되지 않은 울퉁불퉁한 <u>路面</u> 위를 트럭 한 대가 덜컹덜컹 지나갔다. [   ]

16 소나무는 한반도 전체에 분포하는 <u>樹種</u>이다.
[   ]

17 그들의 실력은 서로 <u>比等</u>해서 우열을 가리기가 어렵다. [   ]

18 나는 이모 결혼식 때 <u>祝歌</u>를 부르기로 했다.
[   ]

19 다른 사람을 원망하기 <u>以前</u>에 먼저 자신을 반성해 보는 것이 옳다. [   ]

20 비가 와서 모든 <u>屋外</u> 행사가 취소되었다.
[   ]

21 그 환자는 오랜 <u>病苦</u>로 얼굴이 창백하고 어두웠다.
[   ]

22 우리나라는 <u>大陸</u>과 해양으로 진출하는 데 유리한 반도국이다. [   ]

23 그는 <u>體熱</u>이 높아서 한겨울에도 반팔 셔츠를 입는다.
[   ]

24 이 계약서의 <u>原本</u>은 반드시 잘 보관하여야 한다.
[   ]

25 모내기 하는 농부들이 흥겨운 <u>曲調</u>로 노래를 불렀다.
[   ]

26 그녀는 미모와 <u>德性</u>을 두루 겸비한 재원이었다.
[   ]

27 시청 앞 <u>廣場</u>에서는 다양한 문화 행사가 열린다.
[   ]

28 상인들은 늘 수지 <u>打算</u>에 민감하다. [   ]

29 동해의 일출 <u>光景</u>은 참으로 장관이었다.
[   ]

30 대통령은 국민의 직접 선거를 통해 <u>選出</u>된다.
[   ]

31 음악실에서 들리는 여학생들의 <u>合唱</u> 소리가 아름다웠다. [   ]

32 <u>健全</u>한 젊은이들이 있는 사회의 미래는 희망차다.
[   ]

33 운무에 휩싸인 백두산의 모습은 더할 나위 없이
   可觀이었다. [   ]

34 親族에 관한 호칭은 가계도를 그려서 설명하는 것
   이 쉽다. [   ]

35 올해의 석유 수입 物量은 작년에 비해 세 배나 증
   가하였다. [   ]

02 다음 漢字의 訓과 音을 쓰세요. (36~58)

36 思 [   ]   37 雄 [   ]
38 湖 [   ]   39 賣 [   ]
40 料 [   ]   41 初 [   ]
42 浴 [   ]   43 因 [   ]
44 炭 [   ]   45 卓 [   ]
46 去 [   ]   47 寫 [   ]
48 鐵 [   ]   49 漁 [   ]
50 査 [   ]   51 則 [   ]
52 加 [   ]   53 費 [   ]
54 末 [   ]   55 操 [   ]
56 致 [   ]   57 貯 [   ]
58 曜 [   ]

03 다음 訓과 音을 가진 漢字를 쓰세요. (59~63)

59 서울 경 [   ]
60 손자 손 [   ]
61 고을 군 [   ]
62 짧을 단 [   ]
63 모일 회 [   ]

04 다음 漢字의 약자(略字: 획수를 줄인 漢字)를 쓰세요.
   (64~66)

64 畫 [   ]
65 醫 [   ]
66 區 [   ]

05 다음 漢字와 뜻이 반대(또는 상대)되는 漢字를 써넣어
   단어를 만드세요. (67~69)

67 寒 ↔ (   )
68 (   ) ↔ 惡
69 (   ) ↔ 輕

06 다음 漢字와 뜻이 같거나 비슷한 漢字를 〈보기〉에서
   찾아 그 번호를 쓰세요. (70~72)

보기	① 停 ② 件 ③ 序 ④ 爭
	⑤ 救 ⑥ 止 ⑦ 立 ⑧ 罪

70 建 [   ]
71 競 [   ]
72 品 [   ]

07 다음 제시한 漢字語와 뜻에 맞는 同音語를 〈보기〉에서
   찾아 그 번호를 쓰세요. (73~75)

보기	① 來週 ② 共在 ③ 公正
	④ 知力 ⑤ 直結 ⑥ 勞農

73 空庭 - (   ) : 공평하고 올바름.
74 地歷 - (   ) : 지식의 힘.
75 內住 - (   ) : 이 주의 바로 다음 주.

08 다음 뜻에 맞는 漢字語를 〈보기〉에서 찾아 그 번호를
   쓰세요. (76~78)

보기	① 領先 ② 客談 ③ 石橋
	④ 都心 ⑤ 船形 ⑥ 急冷
	⑦ 島民 ⑧ 汽水 ⑨ 鼻祖

76 급속히 얼리거나 식힘. [   ]
77 돌로 만든 다리. [   ]
78 배의 모양. [   ]

09 다음 뜻을 가진 성어가 되도록 ( ) 안에 들어갈 적절한 漢字語를 〈보기〉에서 찾아 그 번호를 쓰세요. (79~82)

보기	① 河馬 ② 圖生 ③ 最強 ④ 過失
	⑤ 災患 ⑥ 耳順 ⑦ 落葉 ⑧ 氷山

79 各自( ) : 저마다 스스로 삶의 계획을 꾸려감.

80 秋風( ) : 가을바람에 떨어지는 나뭇잎.

81 ( )一角 : 빙산의 뿔.

82 ( )相規 : 잘못을 저지르지 않도록 서로 규제함.

10 다음 문장의 밑줄 친 漢字語를 漢字로 쓰세요. (83~97)

83 아이는 횡단보도에서 신호를 기다리며 서 있었다.
[   ]

84 친구들은 눈이 큰 철수의 별명을 왕눈이라 지었다.
[   ]

85 이번 운동회에서는 청군이 백군에게 승리하였다.
[   ]

86 모두들 우승컵의 향방에 관심이 쏠려 있다.
[   ]

87 영희는 이번 시험에 합격하려고 쉬지도 않고 주야로 공부했다.
[   ]

88 집 앞에 큰 약국이 개업했다. [   ]

89 소금과 황토를 이용하면 옷을 염색할 수 있다.
[   ]

90 두 사람은 단지 집이 가깝다는 이유 하나만으로 친구가 되었다.
[   ]

91 전화 통화는 용건만 간단히 하는 것이 좋다.
[   ]

92 어제 일어난 교통사고에 관한 기사가 신문에 보도되었다.
[   ]

93 이번 군사 작전은 비밀리에 감행되었다.
[   ]

94 너무 낡아서 너덜너덜해진 책의 표지를 새로 제본하였다. [   ]

95 청소년은 진취적인 기상과 담대한 용기를 가져야 한다. [   ]

96 그는 네 살에 벌써 천자문을 뗀 신동으로 소문나 있었다. [   ]

97 그들 부부는 조석으로 부모님께 문안 인사를 드렸다.
[   ]

11 다음 漢字에서 진하게 표시한 획은 몇 번째 쓰는지 〈보기〉에서 찾아 그 번호를 쓰세요. (98~100)

보기	① 첫 번째 ② 두 번째
	③ 세 번째 ④ 네 번째
	⑤ 다섯 번째 ⑥ 여섯 번째
	⑦ 일곱 번째

98 赤 [   ]

99 必 [   ]

100 臣 [   ]

한자능력검정시험 5급 기출문제 정답

【제98회】 기출문제(77p~79p)

1 목적	9 도리	3 군번	4 참전
5 승리	6 실패	7 과학	8 구현
9 결과	10 상관	11 행복	12 방향
13 남북	14 중요	15 열심	16 최선
17 영토	18 교류	19 친구	20 자신
21 오후	22 온도	23 설명	24 완공
25 해양	26 기지	27 기술	28 성공
29 세계	30 화재	31 원인	32 등산객
33 선거	34 신문	35 의견	36 칠 타
37 가까울 근	38 편안 안	39 이를 치	40 없을 무
41 말미암을 유	42 처음 초	43 빠를 속	44 놈 자
45 마실 음	46 목숨 명	47 붓 필	48 들 야
49 신하 신	50 붉을 적	51 농사 농	52 누를 황
53 쇠 철	54 별 경	55 왼 좌	56 근심 환
57 보일 시	58 많을 다	59 集	60 急
61 冬	62 放	63 休	64 医
65 礼	66 体	67 來	68 本
69 兄	70 ⑦	71 ③	72 ⑤
73 ⑤	74 ②	75 ④	76 ⑦
77 ②	78 ⑤	79 ③	80 ⑧
81 ⑥	82 ①	83 反省	84 平和
85 正直	86 教育	87 時代	88 讀書
89 行動	90 立秋	91 使用	92 線分
93 圖形	94 在外	95 家族	96 發表
97 共通	98 ⑪	99 ⑧	100 ⑪

【제100회】 기출문제(83p~85p)

1 열심	2 결말	3 재치	4 기본
5 행복	6 최초	7 참가	8 사건
9 독도	10 관광	11 경기	12 무료
13 규칙	14 봉사	15 환자	16 자유
17 선거	18 어종	19 황금	20 교통
21 사신	22 병원	23 소문	24 고유
25 명절	26 전래	27 조사	28 화재
29 원인	30 가옥	31 세계	32 산업
33 시간	34 광장	35 공원	36 하여금 령
37 팔 매	38 견줄 비	39 재물 재	40 놓을 방
41 클 태	42 보일 시	43 병사 병	44 널 판
45 찰 한	46 신선 선	47 쇠 철	48 귀 이
49 착할 선	50 붉을 적	51 바다 해	52 책상 안
53 흥할 흥	54 빌 축	55 몸 기	56 허물 죄
57 갖출 구	58 붓 필	59 今	60 冬
61 理	62 雪	63 章	64 区
65 礼	66 号	67 樂	68 多
69 溫	70 ⑦	71 ④	72 ⑦
73 ⑤	74 ③	75 ①	76 ⑥
77 ④	78 ⑧	79 ⑥	80 ①
81 ③	82 ⑧	83 親近	84 發明
85 特別	86 集中	87 共同	88 勇氣
89 勝利	90 正直	91 信用	92 飮食
93 行動	94 綠色	95 成功	96 地球
97 表面	98 ⑫	99 ⑫	100 ⑪

【제99회】 기출문제(80p~82p)

1 선장	2 내력	3 낙엽	4 명랑
5 고안	6 전망	7 목판	8 어장
9 구출	10 착신	11 일임	12 정차
13 원칙	14 독도	15 사건	16 상륙
17 녹말	18 휴양	19 비례	20 사념
21 발매	22 설화	23 작품	24 요령
25 산유국	26 교류	27 해악	28 경치
29 소화	30 최선	31 실상	32 부위
33 영웅	34 전사	35 애창	36 얼음 빙
37 억[數字] 억	38 굳을 고	39 굽을 곡	40 붉을 적
41 쇠 철	42 귀할 귀	43 옳을 가	44 조사할 사
45 검을 흑	46 법 규	47 인할 인	48 물끓는김 기
49 원할 원	50 상줄 상	51 다리 교	52 고기/물고기 어
53 완전할 완	54 살 매	55 잡을 조	56 길할 길
57 기약할 기	58 허물 죄	59 朝	60 京
61 永	62 席	63 園	64 区
65 医	66 礼	67 溫	68 自
69 新	70 ① 市	71 ⑥ 術	72 ⑦ 用
73 ③ 夜路	74 ⑥ 筆寫	75 ④ 寒地	76 ④ 和談
77 ⑦ 人災	78 ⑧ 再選	79 ⑦ 後無	80 ⑤ 百倍
81 ⑧ 今始	82 ③ 敗家	83 合意	84 集中
85 形式	86 公開	87 別名	88 運行
89 線分	90 物體	91 特色	92 多急
93 大洋	94 共生	95 三角	96 本心
97 高度	98 ⑦	99 ⑨	100 ⑦

【제101회】 기출문제(86p~88p)

1 양옥	2 요령	3 목마	4 선약
5 죄악	6 결말	7 실의	8 역량
9 규칙	10 위업	11 원산	12 안건
13 곡선	14 개량	15 전설	16 축원
17 물질	18 엽서	19 참견	20 미풍
21 선명	22 정경	23 공감	24 하구
25 화친	26 기대	27 신호	28 최대
29 낙선	30 기념	31 녹화	32 철판
33 도매	34 기온	35 유입	36 집 원
37 수컷 웅	38 검을 흑	39 차례 서	40 두 재
41 줄 급	42 가벼울 경	43 베낄 사	44 말씀 담
45 섬 도	46 소 우	47 쌓을 저	48 단 단
49 귀할 귀	50 그칠 지	51 다를 타	52 칠 타
53 코 비	54 패할 패	55 얼음 빙	56 굳을 고
57 길할 길	58 다리 교	59 速	60 晝
61 苦	62 黄	63 太	64 区
65 礼	66 画	67 使	68 發
69 孫	70 ③ 爭	71 ① 唱	72 ⑥ 冷
73 ⑤ 所望	74 ⑥ 初球	75 ③ 商船	76 ⑦ 終身
77 ⑥ 停電	78 ③ 史料	79 ⑤ 一致	80 ② 無根
81 ③ 天災	82 ⑦ 不問	83 名藥	84 生計
85 特別	86 勝利	87 現在	88 角度
89 通路	90 形體	91 作動	92 平野
93 成長	94 注文	95 開放	96 由來
97 石油	98 ⑨	99 ⑤	100 ⑦

【제102회】 기출문제(89p~91p)

1 휴양	2 도읍	3 가산	4 마차
5 소원	6 결사	7 곡학	8 오한
9 고사	10 거래	11 풍경	12 전시
13 사건	14 경기	15 허가	16 견문
17 재건	18 흑색	19 관심	20 선거
21 기념	22 필자	23 개선	24 무효
25 지기	26 과외	27 참석	28 신선
29 가격	30 착륙	31 식별	32 건실
33 객지	34 책임	35 고백	36 밝을 랑
37 끝 말	38 채울 충	39 인할 인	40 마칠 졸
41 수컷 웅	42 나그네 려	43 집 택/댁	44 근심 환
45 맺을 약	46 고기잡을 어	47 반드시 필	48 헤아릴 료
49 떨어질 락	50 코 비	51 둥글 단	52 잘 쉬[별자리 수
53 책상 안	54 지날 력	55 잎 엽	56 묶을 속
57 가장 최	58 예 구	59 弱	60 強
61 直	62 線	63 溫	64 対
65 気	66 発	67 重	68 多
69 昨/古	70 ① 本	71 ⑧ 令	72 ⑤ 用
73 ④ 弟子	74 ⑥ 道場	75 ③ 不在	76 ⑥ 功過
77 ⑤ 吉凶	78 ④ 賣買	79 ⑥ 石火	80 ① 一致
81 ⑤ 百年	82 ④ 門前	83 番號	84 公平
85 感動	86 代表	87 美術	88 角度
89 各自	90 歌手	91 開業	92 世界
93 共有	94 高名	95 男女	96 家族
97 青綠	98 ③	99 ④	100 ⑥

【제104회】 기출문제(95p~97p)

1 지도	2 당장	3 사명	4 패배
5 발전	6 훈련	7 방식	8 영토
9 최선	10 환자	11 속도	12 우수
13 사변	14 친구	15 해양	16 승리
17 책임	18 법칙	19 목적	20 소중
21 이후	22 재산	23 전쟁	24 대화
25 행복	26 약속	27 도시	28 교통
29 문화	30 화재	31 원인	32 가옥
33 선거	34 신문	35 의견	36 소 우
37 클 태	38 기를 양	39 길 영	40 고를 조
41 터 기	42 북을 적	43 더울 열	44 견줄 비
45 말씀 설	46 붓 필	47 찰 랭	48 말 마
49 베낄 사	50 검을 흑	51 팔 매	52 얼음 빙
53 고칠 개	54 빌 축	55 으뜸 원	56 이를 도
57 부를 창	58 칠 타	59 短	60 愛
61 歌	62 前	63 和	64 医
65 画	66 号	67 強	68 苦
69 近	70 ⑥	71 ②	72 ④
73 ⑥	74 ①	75 ③	76 ⑤
77 ⑦	78 ②	79 ⑥	80 ②
81 ⑧	82 ④	83 植物	84 民族
85 反省	86 書面	87 英才	88 兄弟
89 學習	90 青春	91 感電	92 體育
93 平等	94 正直	95 勇氣	96 信用
97 農村	98 ⑧	99 ⑪	100 ⑪

【제103회】 기출문제(92p~94p)

1 허가	2 매점	3 의술	4 낙화
5 최선	6 명령	7 당초	8 가열
9 선거	10 별세	11 건물	12 비중
13 경치	14 기차	15 재해	16 예년
17 하천	18 병선	19 결심	20 출어
21 필기	22 양질	23 전시	24 승전
25 악곡	26 요령	27 세월	28 신망
29 한우	30 과실	31 사정	32 덕담
33 상대	34 애착	35 충분	36 재주 기
37 빌 축	38 집 원	39 머무를 정	40 부를 창
41 생각할 고	42 찰 랭	43 차례 서	44 쌓을 저
45 줄 급	46 책상 안	47 코 비	48 빛날 요
49 길할 길	50 귀할 귀	51 언덕 원	52 살 매
53 검을 흑	54 귀 이	55 망할 망	56 억[數字] 억
57 법 규	58 조사할 사	59 席	60 永
61 特	62 近	63 英	64 礼
65 昼	66 号	67 始	68 動
69 溫	70 ⑧ 件	71 ④ 都	72 ② 競
73 ③ 藥水	74 ⑤ 操身	75 ④ 打球	76 ⑥ 小葉
77 ③ 鐵橋	78 ⑤ 健兒	79 ⑧ 書生	80 ① 必改
81 ⑦ 凶惡	82 ③ 主客	83 計算	84 勇氣
85 公園	86 通行	87 合金	88 多發
89 南風	90 注油	91 感電	92 後孫
93 共有	94 不在	95 西洋	96 使用
97 直言	98 ⑨	99 ⑧	100 ⑤

【제105회】 기출문제(98p~100p)

1 특기	2 요약	3 매입	4 허다
5 화단	6 재고	7 색감	8 필자
9 구속	10 결정	11 유례	12 무관
13 개선	14 거동	15 노면	16 수종
17 비등	18 축가	19 이전	20 옥외
21 병고	22 대륙	23 체열	24 원본
25 곡조	26 덕성	27 광장	28 타산
29 광경	30 선출	31 합창	32 건전
33 가관	34 친족	35 물량	36 생각 사
37 수컷 웅	38 호수 호	39 팔 매	40 헤아릴 료
41 처음 초	42 목욕할 욕	43 인할 인	44 숯 탄
45 높을 탁	46 갈 거	47 베낄 사	48 쇠 철
49 고기잡을 어	50 조사할 사	51 법칙 칙	52 더할 가
53 쓸 비	54 끝 말	55 잡을 조	56 이를 치
57 쌓을 저	58 빛날 요	59 京	60 孫
61 郡	62 短	63 會	64 画
65 医	66 区	67 溫	68 愛/善
69 重	70 ⑦ 立	71 ④ 爭	72 ② 件
73 ③ 公正	74 ④ 知力	75 ① 來週	76 ⑥ 急冷
77 ③ 石橋	78 ⑤ 船形	79 ② 圖生	80 ⑦ 落葉
81 ⑧ 氷山	82 ④ 過失	83 信號	84 別名
85 勝利	86 向方	87 晝夜	88 開業
89 黃土	90 理由	91 通話	92 新聞
93 作戰	94 表紙	95 勇氣	96 神童
97 朝夕	98 ⑥	99 ④	100 ⑤

한자능력검정시험
기출·예상문제집 5급

발 행 일 ㅣ 2025년 2월 10일

발 행 인 ㅣ 한국어문한자연구회

발 행 처 ㅣ 한국어문교육연구회

주　　소 ㅣ 경기도 남양주시 다산순환로 20 B동

　　　　　　3층 34호(다산현대 프리미엄캠퍼스몰)

전　　화 ㅣ 02)332-1275, 031)556-1276

팩　　스 ㅣ 02)332-1274

등록번호 ㅣ 제313-2009-192호

I S B N ㅣ 979-11-91238-71-6　13700

정가 16,000원

공ㅣ급ㅣ처　　T. 02-332-1275, 1276　ㅣ　F. 02-332-1274
무른하늘　www.skymiru.co.kr

기록 · 예술문예집

한가족문학동인지시집